FiESTAS DE LA PRiMAVERA

Libro de Actividades para Principiantes

**Libro de actividades de las Fiestas de la Primavera
para principiantes**

Bible Pathway Adventures® es una marca registrada de BPA Publishing Ltd
Defenders of the Faith® es una marca registrada de BPA Publishing Ltd.

ISBN: 978-1-989961-93-3

Autora: Pip Reid
Director Creativo: Curtis Reid
Editor: Aileen Nieto

Para obtener recursos bíblicos gratuitos y Paquetes para Maestros, incluyendo
páginas para colorear, hojas de trabajo, exámenes y más, visite nuestro sitio web en:

www.biblepathwayadventures.com

Introducción para los padres

A sus niños les ENCANTARÁ aprender sobre las Fiestas de la Primavera con el *Libro de actividades de las Fiestas de la Primavera para principiantes*. Está lleno de páginas para colorear, hojas de trabajo, manualidades y rompecabezas para ayudar a educadores como usted a enseñarles a sus niños la fe bíblica. Incluye referencias a las escrituras para una fácil búsqueda de versículos de la Biblia. El recurso perfecto de discipulado para las lecciones del Sabbat, la escuela dominical y la educación en casa.

Bible Pathway Adventures® ayuda a los educadores a enseñar a los niños la fe bíblica de una forma divertida y creativa. Hacemos esto a través de nuestros cuentos ilustrados, libros de actividades y recursos imprimibles, todo disponible para descarga en nuestro sitio web www.biblepathwayadventures.com.

Gracias por comprar este libro de actividades y apoyar nuestro ministerio. Cada libro comprado nos ayuda a continuar nuestro trabajo proporcionando paquetes de clases gratis y recursos de discipulado a familias y misiones en todas partes del mundo.

¡La búsqueda de la verdad es más divertida que la tradición!

 # Tabla de Contenidos

Fiesta de las Primicias (Yom HaBikkurim)

Día de Pentecostés (Shavu'ot)

Manualidades y proyectos

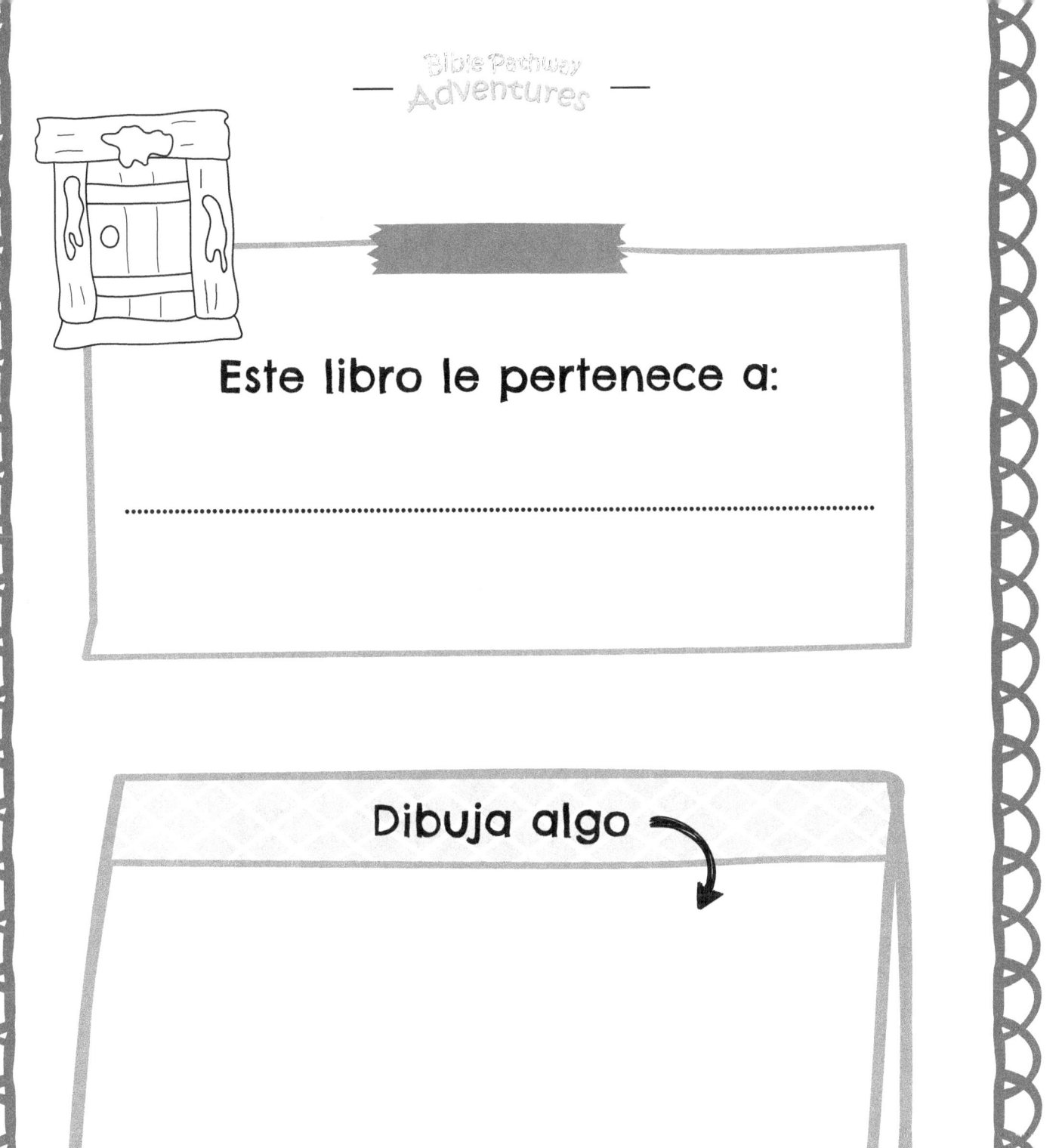

Este libro le pertenece a:

....

Dibuja algo

Fiesta de los Panes sin Levadura

Cuando los israelitas salieron de Egipto, tenían tanta prisa que no tuvieron tiempo de dejar que su masa de pan leudara. Se llevaron la masa cruda sobre sus espaldas y, mientras caminaban, se cocinaba al sol. Debido a que la masa no tenía levadura, el pan se volvió duro y plano y se le conocía como "matzah". Comer matzah todos los años durante la Fiesta de los Panes sin Levadura nos recuerda la huida de los israelitas de Egipto y cómo Yah los liberó de la esclavitud.

La Fiesta de los Panes sin Levadura comienza el día quince de Nisán (marzo - abril) con la cena de Pascua y dura siete días. La Pascua señala a Yeshua como nuestro cordero pascual. Yeshua murió el día de la preparación de la Pascua, a la misma hora en que se sacrificaban los corderos para la cena de la Pascua esa noche.

¡Colorea la puerta!

"Estas son las fiestas solemnes de Yah, las convocaciones santas, a las cuales convocaréis en sus tiempos…"
Levítico 23:4

El rey de Egipto

Cuando los hebreos vivían en Egipto, el faraón era
el rey. Traza las palabras. Colorea la imagen.

El rey de Egipto

¿Dónde está Egipto?

Los hebreos vivieron en la tierra de Egipto por muchos años.
Colorea a Egipto de verde. Colorea el agua de azul.

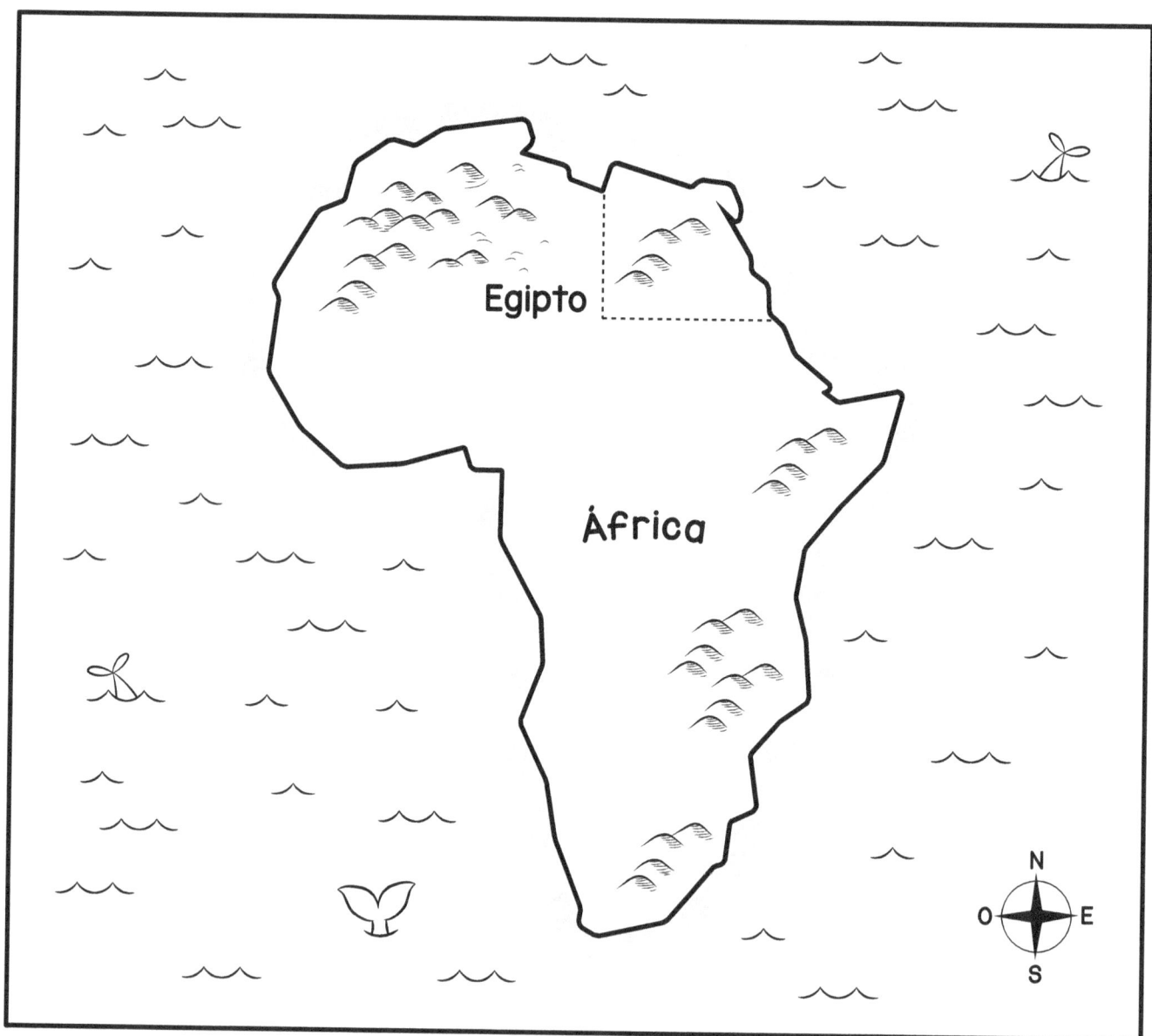

E de Egipto

Moisés nació en la tierra de Egipto.
Traza las letras y las palabras. Colorea la imagen.

E

Egipto

E de Egipto

Moisés

Moisés creció en la tierra de Egipto.
Conecta los puntos para ver la imagen.

¿Cuál es diferente?

Encierra en un círculo la imagen que es diferente.

🌿 Las diez plagas 🌿

¡Qué montón de plagas!
Cuéntalas y escribe el número en el recuadro.

sangre

langostas

granizo

piojos

ganado

úlceras

ranas

death of firstborn

moscas

oscuridad

Traza las palabras

Colorea las imágenes.

sangre

ranas

piojos

moscas

🌿 Traza las palabras 🌿

Colorea las imágenes.

Traza las palabras

Colorea las imágenes.

oscuridad

Pascua

Plaga de las ranas

Yah llenó el río Nilo de ranas. Esta fue la segunda plaga.
Conecta los puntos para ver la imagen.

Instrucciones de Yah para la Pascua

En la tierra de Egipto, Yah les dijo a los hebreos cómo comer la comida de Pascua.
Traza las palabras. Colorea las imágenes.

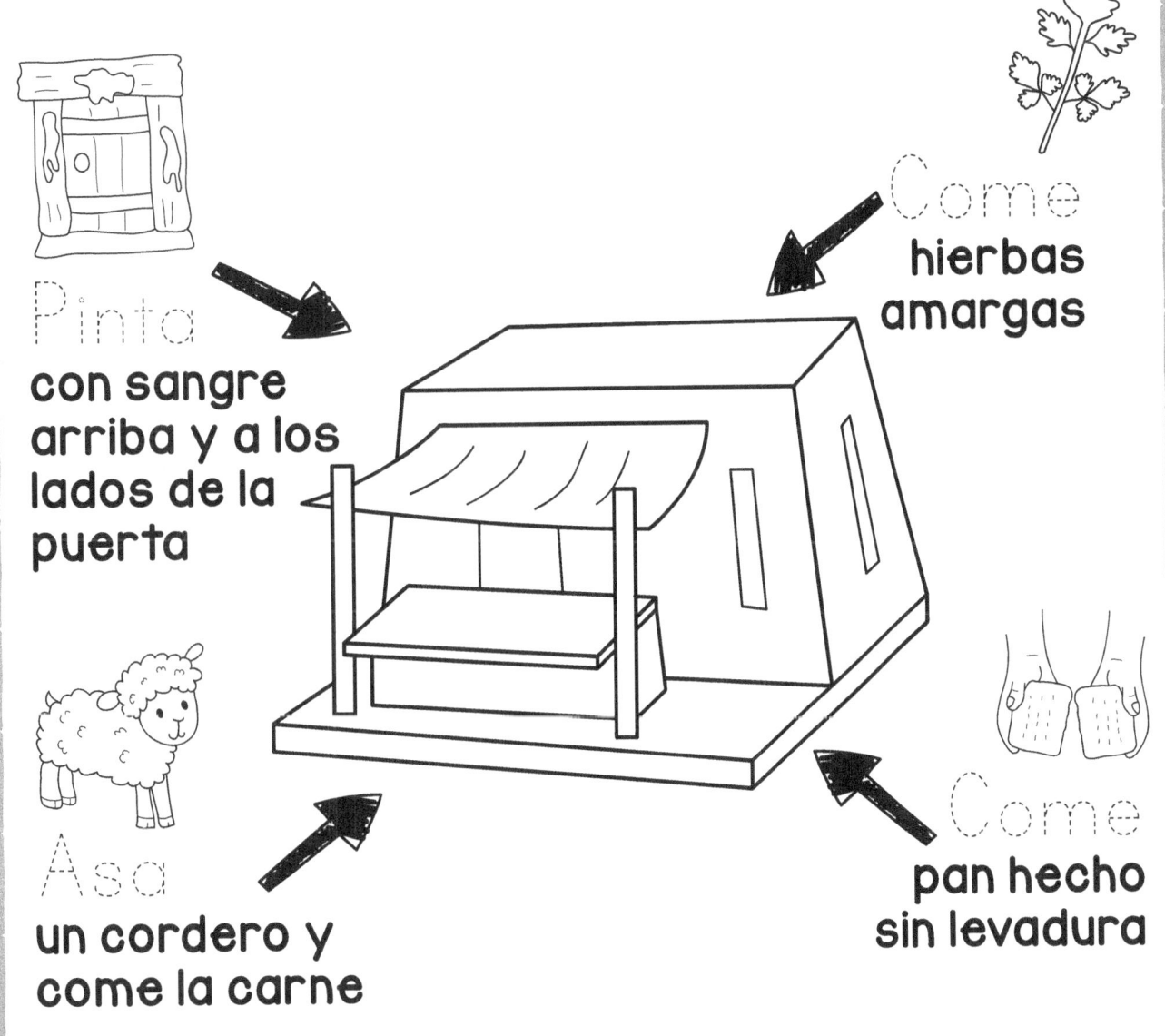

Pinta
con sangre arriba y a los lados de la puerta

Come hierbas amargas

Asa
un cordero y come la carne

Come pan hecho sin levadura

🌿 El cordero de Pascua 🌿

Los hebreos obedecieron las instrucciones de Yah.
Comieron un cordero para la comida de Pascua.
¿Puedes seguir instrucciones como los hebreos?
Usa el código de color para completar la imagen.

1 = gris	2 = negro	3 = azul	4 = blanco

🌿 Rápido y lento 🌿

Yah les dijo a los israelitas que comieran la comida de Pascua con prisa. ¡Esto significa que tuvieron que comer tan rápido como les fue posible! ¿Qué se mueve rápido? ¿Qué se mueve lento? Dibuja dos objetos en los recuadros de abajo.

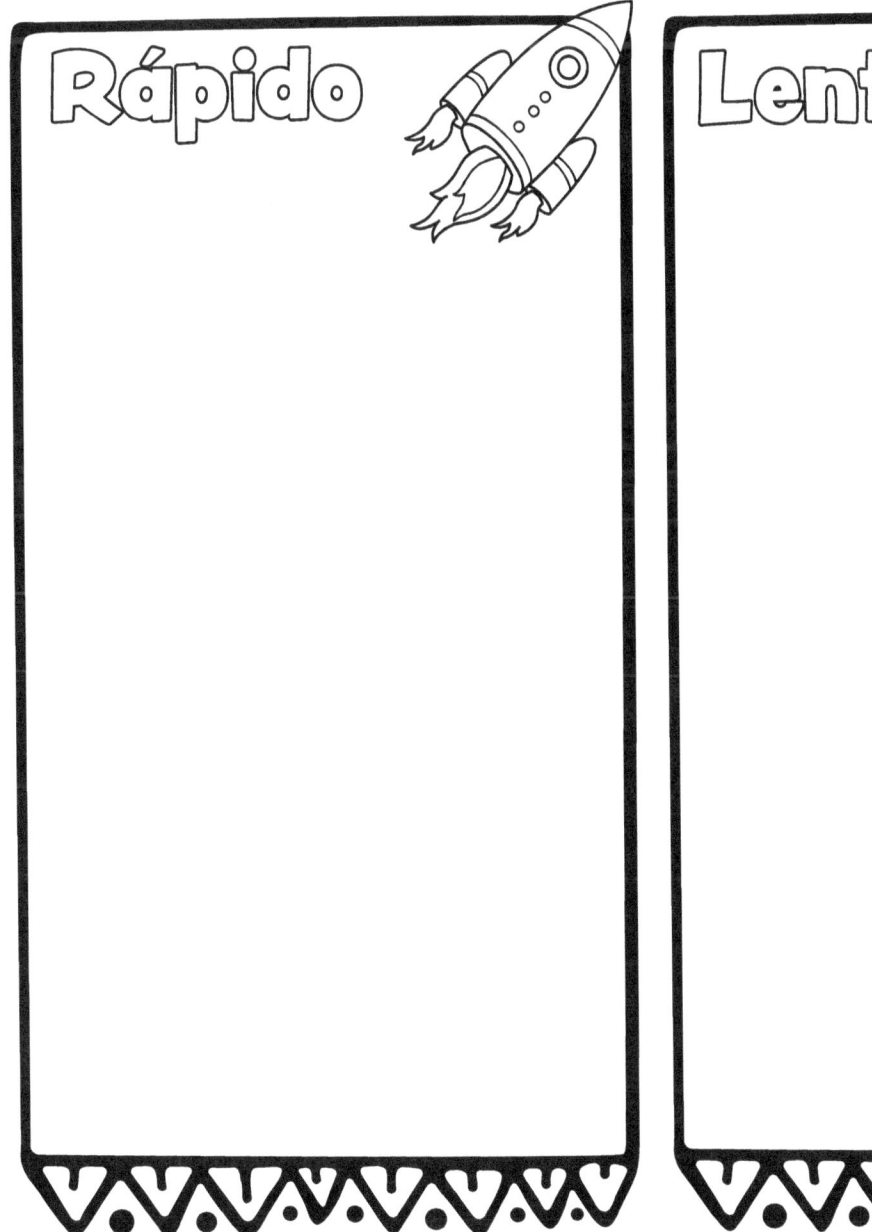

Rápido

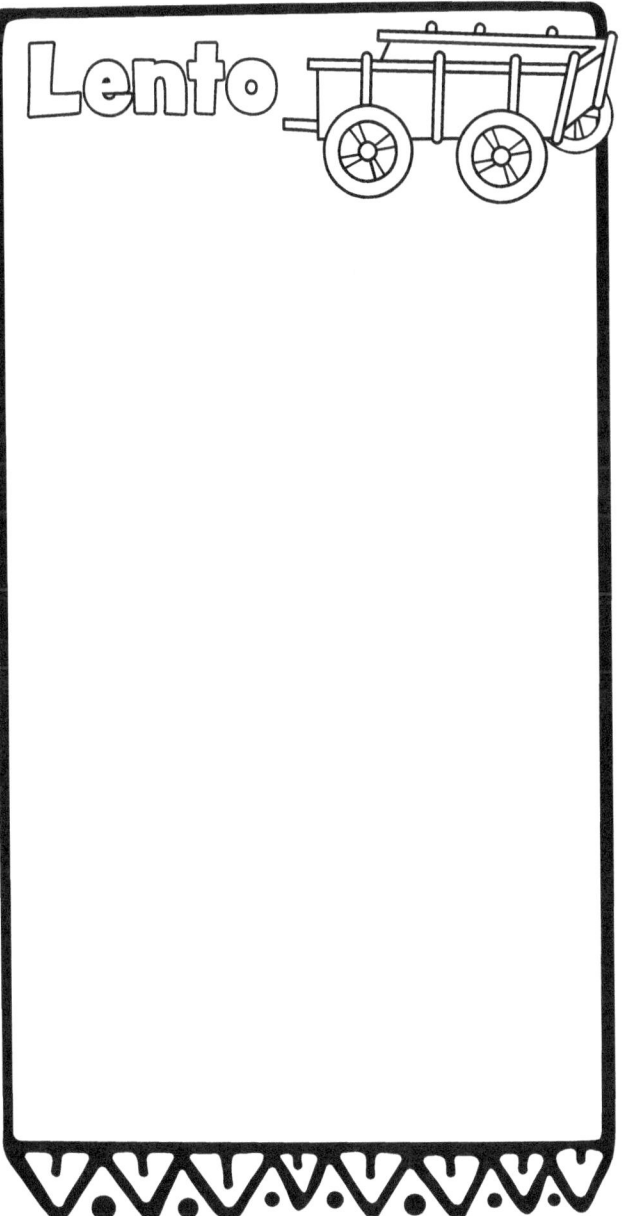

Lento

Cómo comer en la Pascua

Educadores: lean Éxodo 12:11 (RV1960) con sus niños.
Yah les dijo a los israelitas cómo comer la comida
de Pascua. ¿Cuáles fueron Sus instrucciones?
Colorea las cosas mencionadas en este pasaje de la Biblia.

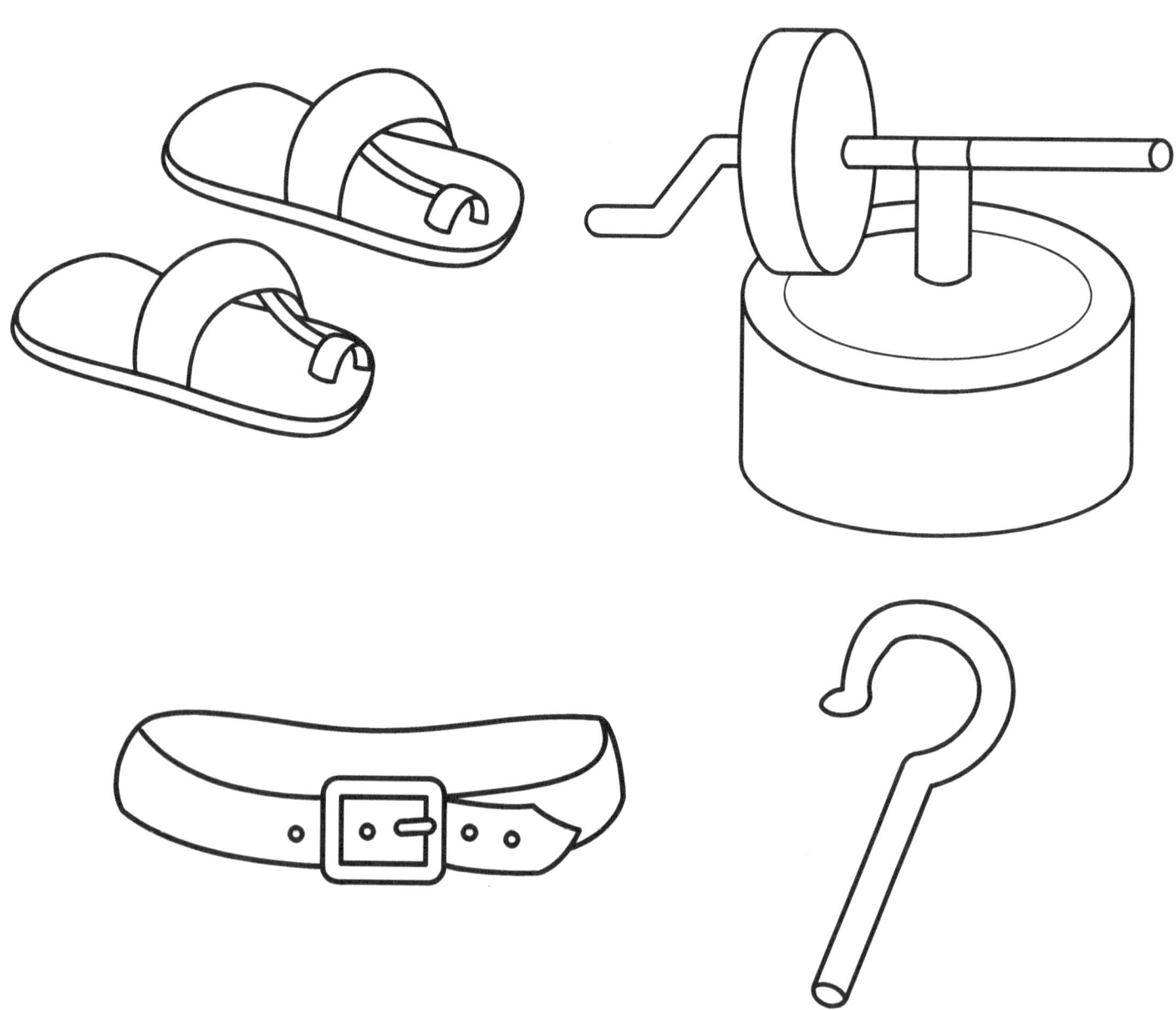

La Pascua

La Pascua

Yah les dijo a los israelitas que colocaran sangre de cordero en la parte de arriba y los laterales de sus puertas. Dibuja sangre arriba a los lados de la puerta.

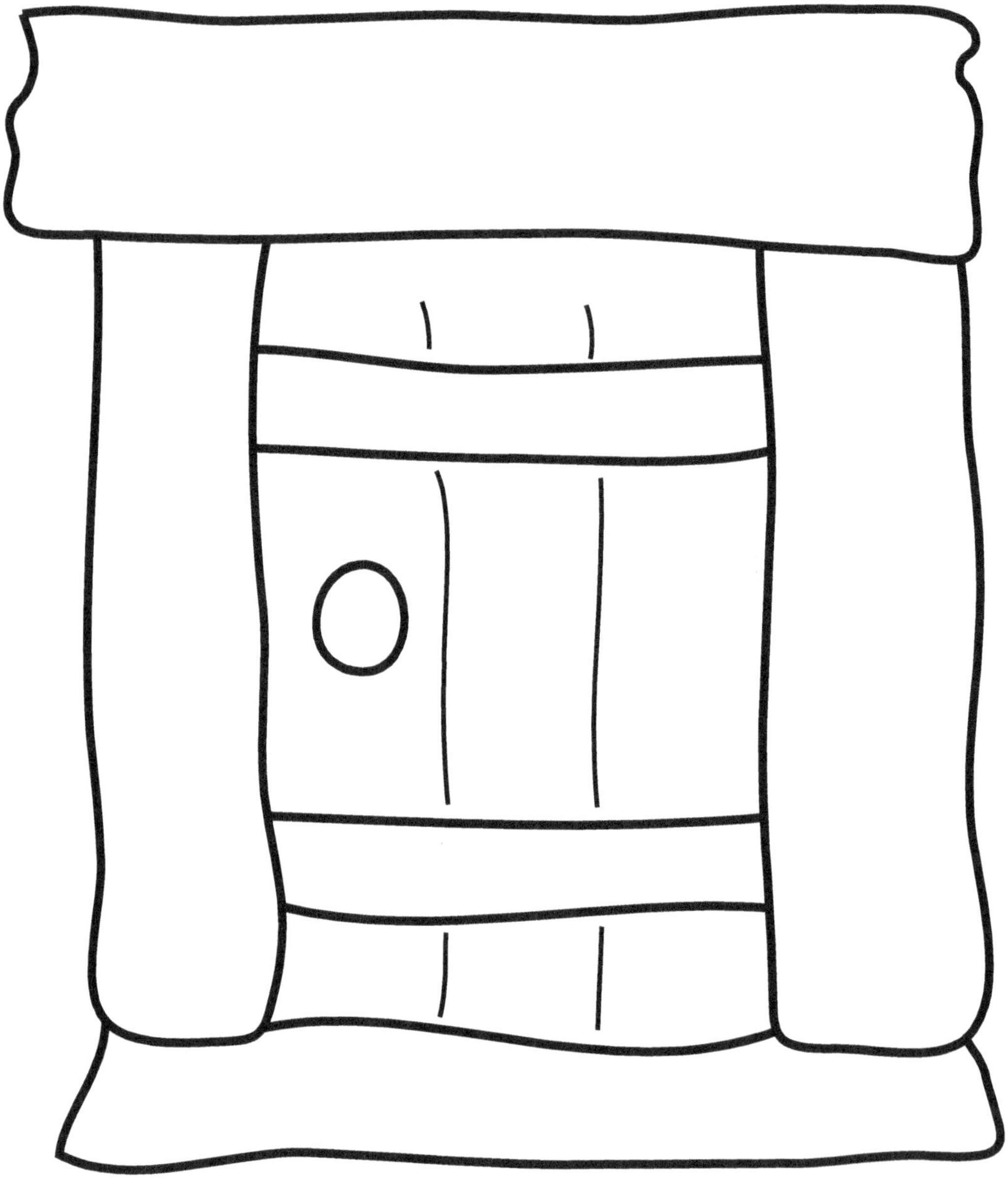

La comida
de Pascua

¿Qué comes en la comida de Pascua?
Dibuja la comida que comes.

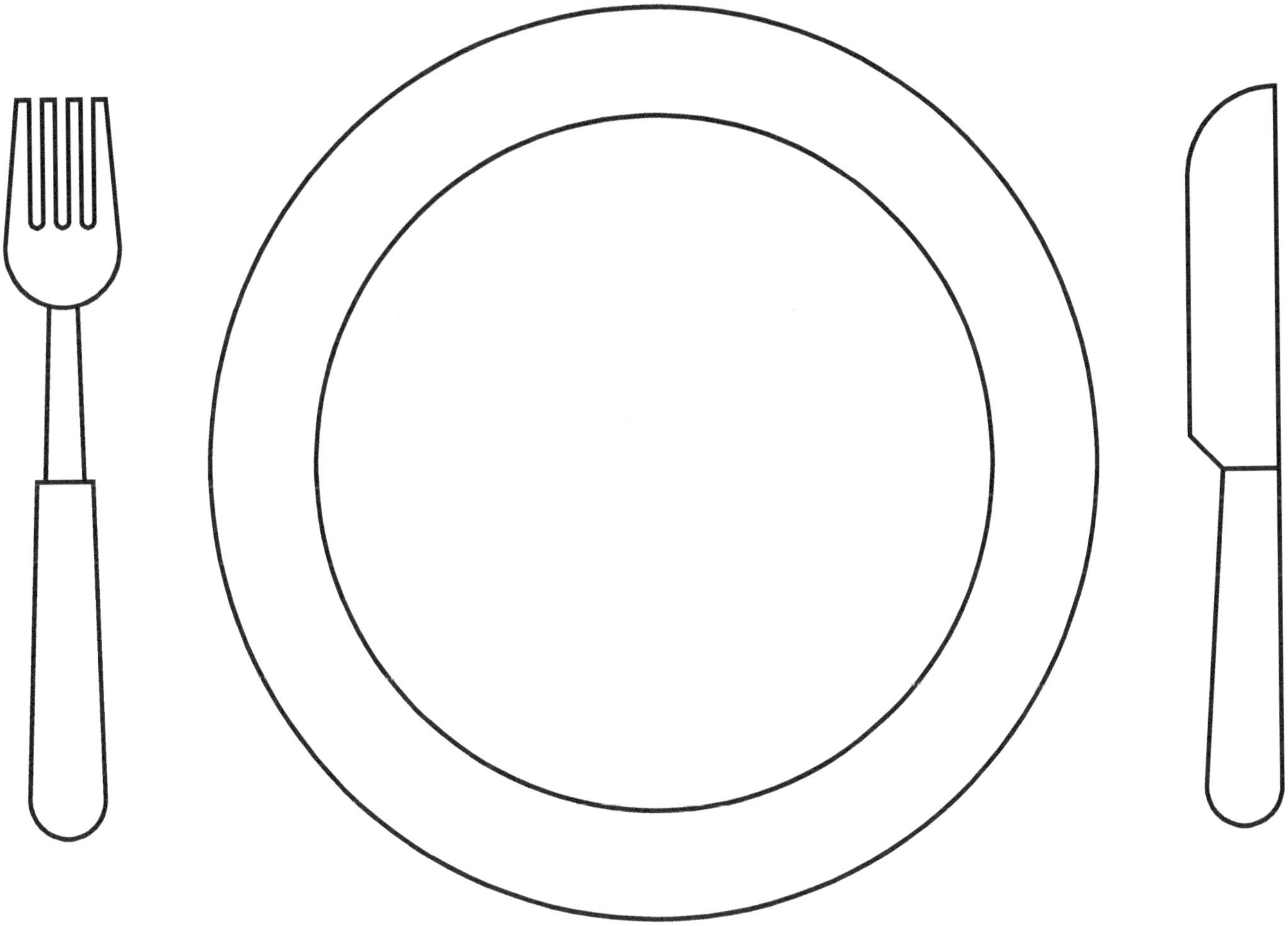

✦ Matzah ✦

La palabra hebrea para pan sin levadura es matzah.
Matzah es un tipo de pan hecho con harina y agua. El matzah
se come durante la Fiesta de los Panes sin Levadura.

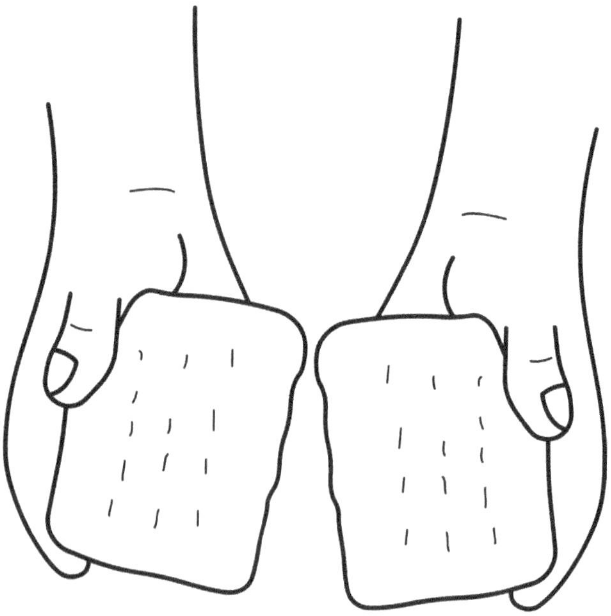

matzah

מַצָּה

Pan sin levadura

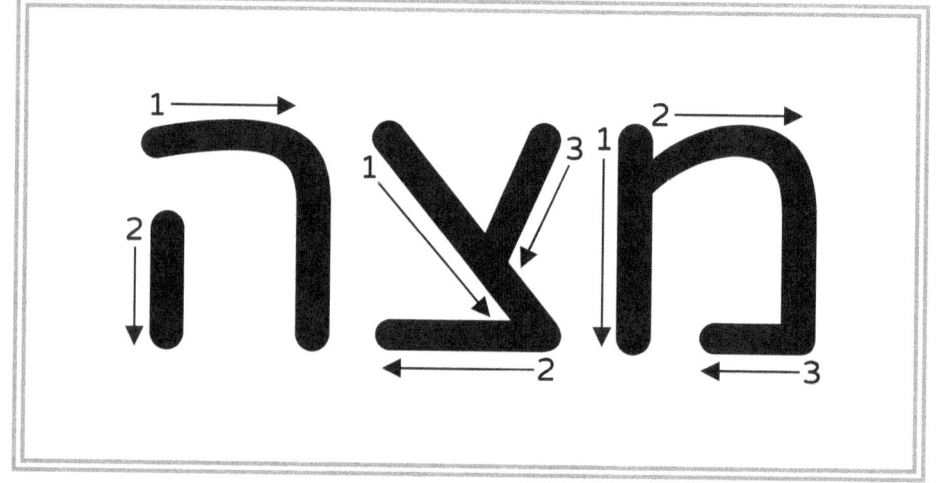

¡Vamos a escribir!

Practica a escribir esta palabra
hebrea en las líneas de abajo.

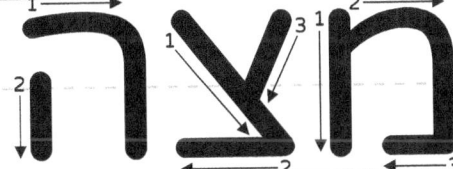

מצה

Inténtalo por tu cuenta.
Recuerda que el hebreo se lee de DERECHA a IZQUIERDA.

El plan de Yah para
Israel

Los hebreos fueron esclavos en 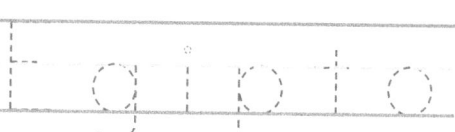 Egipto

---

Yah envió a Moisés para liberar a su  pueblo

---

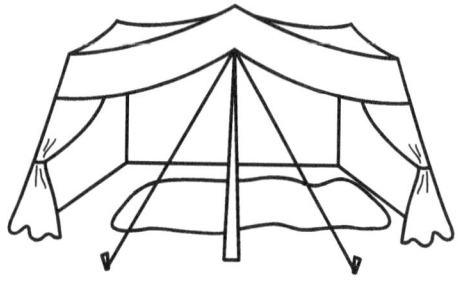

Los israelitas vivieron en el  desierto

🌿 El viaje de los israelitas 🌿

Los israelitas salieron de Egipto y se dirigieron a la tierra de Canaán (la Tierra Prometida). Conecta los puntos para ver su viaje desde Egipto al río Jordán.

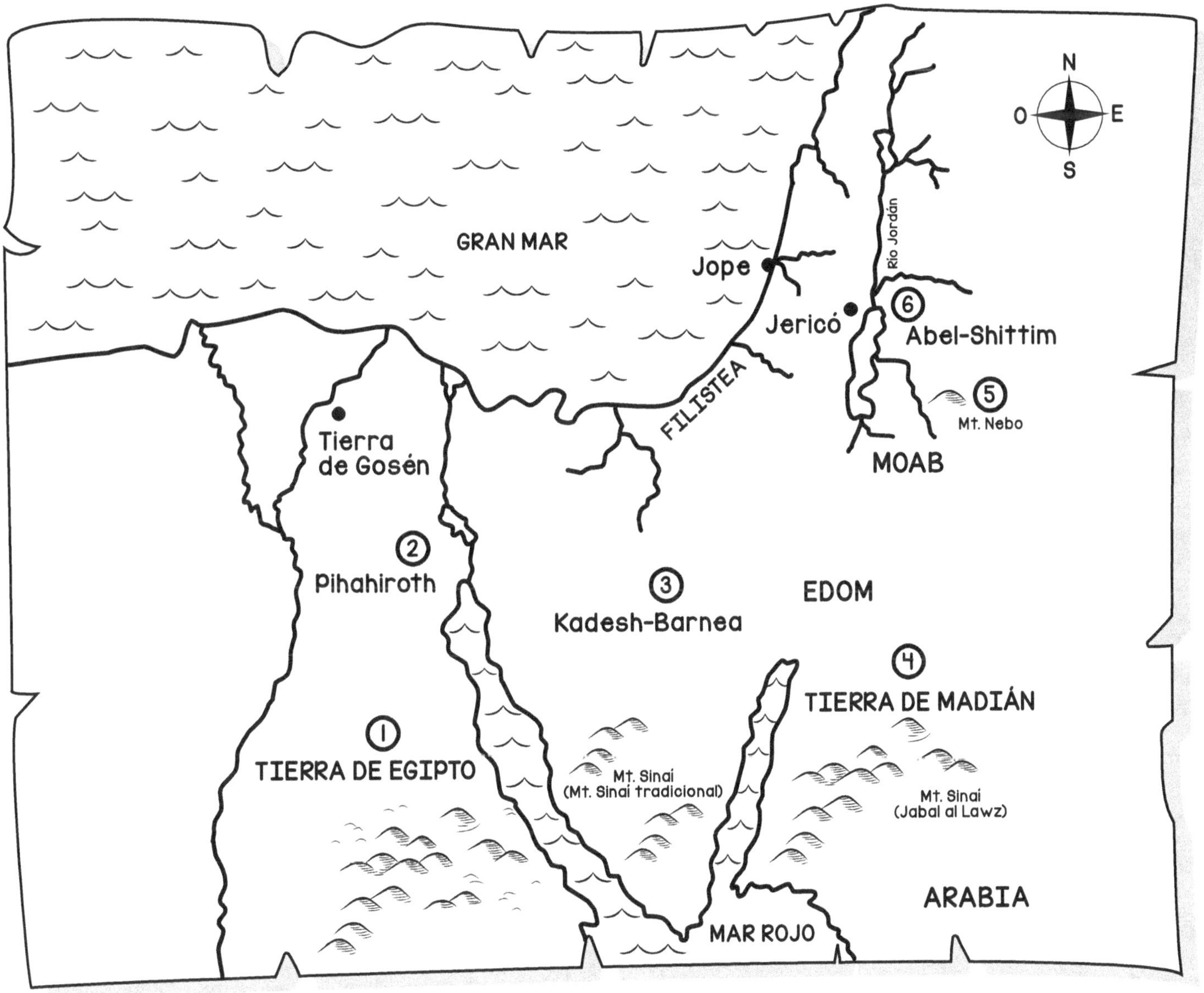

GRAN MAR

Jope

Jericó

Abel-Shittim ⑥

Río Jordán

⑤
Mt. Nebo

FILISTEA

MOAB

Tierra de Gosén

② Pihahiroth

③ Kadesh-Barnea

EDOM

④ TIERRA DE MADIÁN

① TIERRA DE EGIPTO

Mt. Sinai (Mt. Sinai tradicional)

Mt. Sinai (Jabal al Lawz)

ARABIA

MAR ROJO

¿Quién es nuestro rey?

Completa los espacios en blanco usando
la tabla de abajo. ¿Qué ves?

¿Quién es nuestro rey?

$$\overline{25} \;\; \overline{5} \;\; \overline{19} \;\; \overline{8} \;\; \overline{21} \;\; \overline{1}$$

$$\overline{5} \;\; \overline{19} \quad\quad \overline{5} \;\; \overline{12}$$

$$\overline{18} \;\; \overline{5} \;\; \overline{25}$$

A	B	C	D	E	F	G	H	I	J	K	L	M
1	2	3	4	5	6	7	8	9	10	11	12	13
N	O	P	Q	R	S	T	U	V	W	X	Y	Z
14	15	16	17	18	19	20	21	22	23	24	25	26

Día de la preparación

Antes de que Yeshua muriera, comió una comida con Sus discípulos. Les pidió que Lo recordaran.

Usa plastilina para hacer una taza y pan en estas formas.

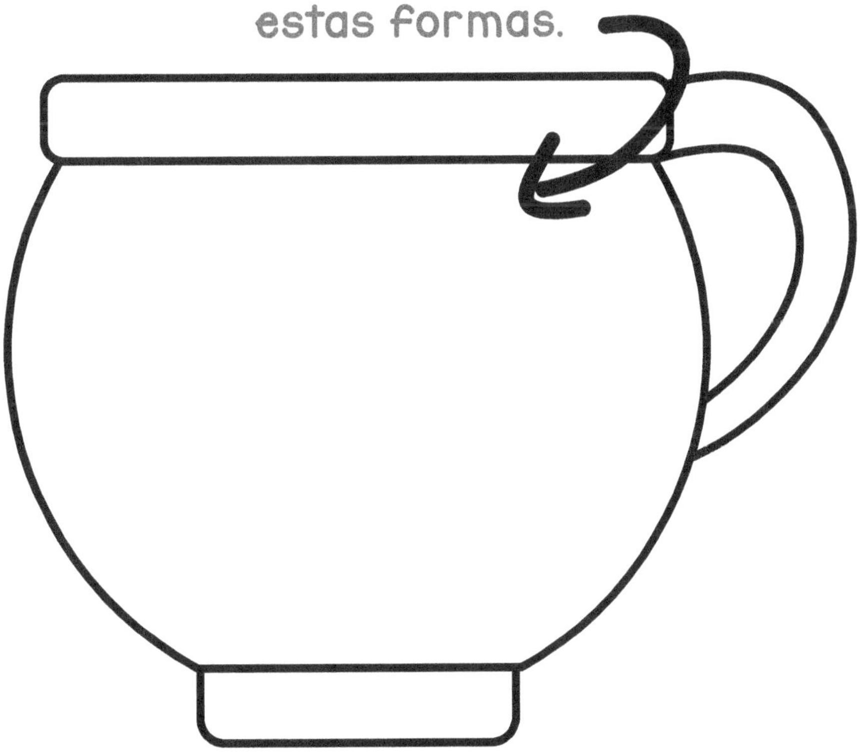

🌿 Una comida especial 🌿

Educadores: lean Marcos 14:22-25 y Juan 13:21-30 con sus niños. Yeshua comió una comida con sus discípulos. ¿Cuál de los discípulos traicionó a Yeshua?

¿Qué comieron y bebieron los hombres?
Dibuja su comida.

🌿 Los doce discípulos 🌿

Yeshua tuvo doce discípulos.
Comieron con Él en un aposento alto en Jerusalén.
¿Puedes contar hasta 12? Cuenta los cuadros y
escribe el número correcto donde esté vacío.

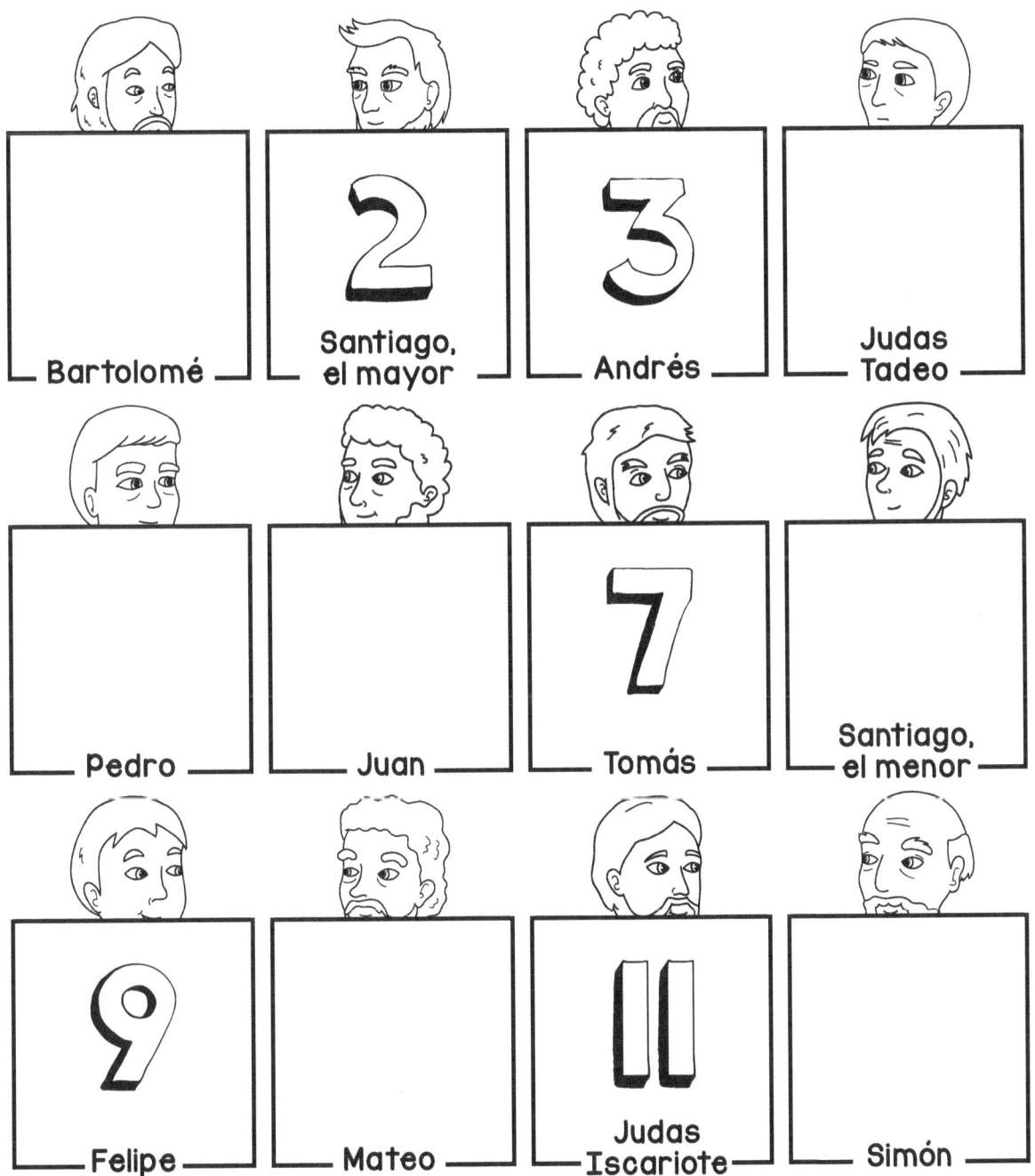

 Jardín de Getsemaní

Antes de morir, Yeshua pasó tiempo en el jardín.
El jardín tenía muchos árboles de olivo.
Colorea el árbol. Recorta y pega en una cartulina.

🌿 ¿Qué es un discípulo? 🌿

Yeshua tenia doce discipulos. Un discipulo es alguien
que sigue a Yeshua y hace lo dice. ¿Cómo Le obedeces?
Colorea parte del pie cada dia mientras te
comportas como Yeshua.

Lunes

Martes

Miércoles

Jueves

Viernes

Sábado

Domingo

✦ El número 1 ✦

Uno de los discípulos traicionó a Yeshua.
Su nombre era Judas Iscariote. Les dijo a los sacerdotes
dónde encontrar a Yeshua. Los sacerdotes le dieron a Judas
30 monedas de plata. Escribe el número 1. Colorea la imagen.

✷ P de Pilato ✷

Pilato era el gobernador romano. Envio a Yeshua a morir en Gólgota. Traza las letras y las palabras. Colorea la imagen.

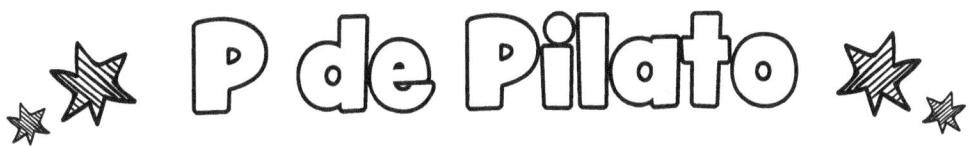

p

Pilato

P de Pilato

Y de Yeshua

Yeshua es el nombre de nuestro Mesías. Traza las letras. Colorea la imagen.

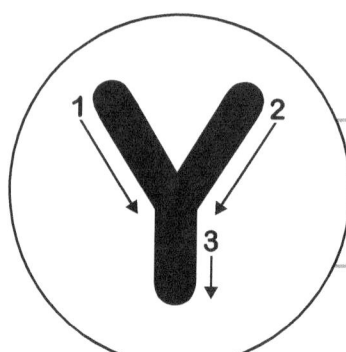

Y Y Y Y Y Y

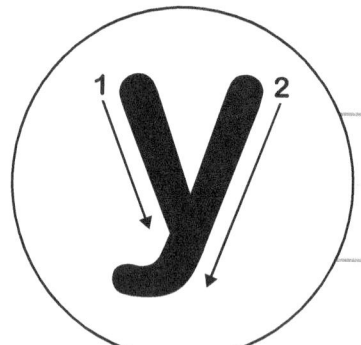

y y y y y y

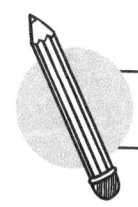
Traza la letra Y

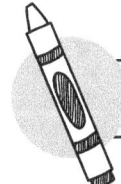
Colorea la corona

Yeshua

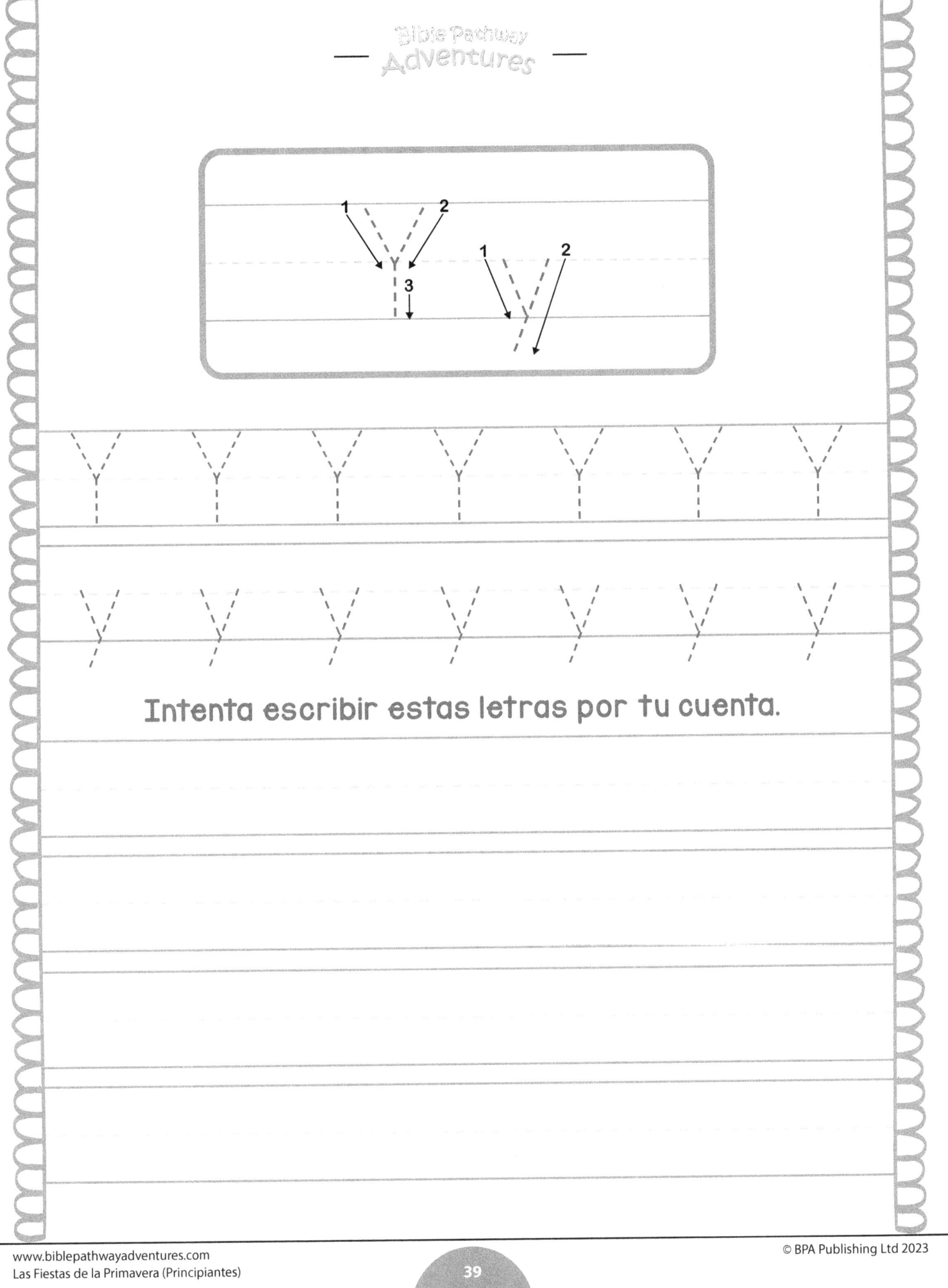

Intenta escribir estas letras por tu cuenta.

🌿 Camino a Gólgota 🌿

Un hombre llamado Simón llevó el travesaño de Yeshua al Gólgota. Ayuda a Simón a encontrar el camino al Gólgota.

Hornea una corona de espinas

Yeshua llevaba una corona de espinas en la cruz. Hornea tu propia corona de espinas para recordar a nuestro Rey.

INGREDIENTES
4 tazas de harina
1 taza de sal
Agua tibia para humedecer la masa
Palillos de madera (mondadientes)

PREPARACIÓN
Precalienta el horno a 350ºF.
Combina la harina y la sal en un bol grande.
Añade suficiente agua para hacer una masa pegajosa.
Forma tres hebras de masa.
Trenza las hebras de masa y forma un círculo.
Hornea a 350ºF por 30 minutos, o hasta que esté dura y seca.
Retira del horno.
Cuando se enfríe, coloca los palillos (espinas) en la corona.

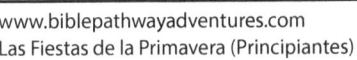

Vamos a trazar

Los soldados clavaron las muñecas y
tobillos de Yeshua a dos piezas de madera.
Estas dos piezas de madera formaron una cruz.
Traza las líneas para dibujar una cruz.

Partes de un cordero

Los antiguos israelitas comían cordero y hierbas amargas en la primera comida de Pascua (Éxodo 12:8). ¿Puedes nombrar las partes de un cordero?

oreja

ojo

hocico

pata

pierna

🌿 Traza las palabras 🌿

Colorea las imágenes.

	taza
	cordero
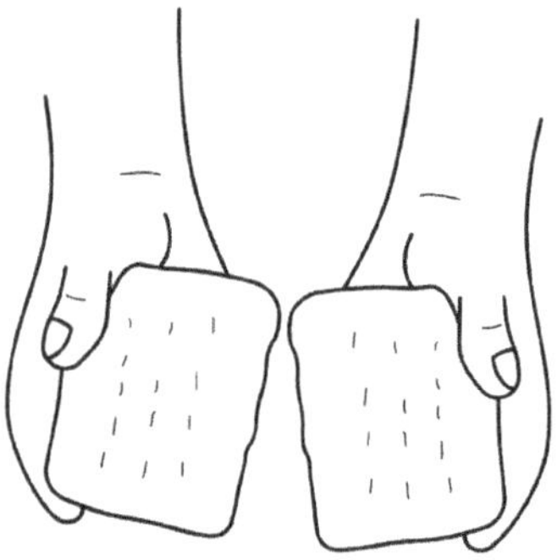	matzah
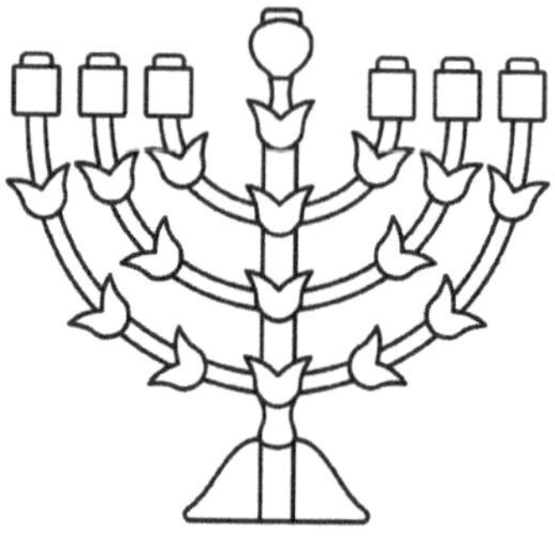	Yeshua

¡Soy limpio!

Yah quiere que comamos animales "limpios" (Levítico 11).
El cordero es un animal limpio. Traza las palabras.
Colorea la imagen.

Soy un cordero

¿Puedes comerme?

¿Cuál es mi sonido?

La palabra "Pascua" comienza con la letra P. Encierra en un círculo y colorea las imágenes que tienen el mismo sonido al principio que Pascua.

pájaro

pijamas

vaca

pizza

árbol

🌿 La Pascua 🌿

Encuentra y encierra en un círculo las palabras de la siguiente lista.

```
P A N Y E D C H
O S R D X Z O I
P U E R T A R E
R G V J S V D R
F U U R P Y E B
C T A Z A C R A
T L Z T Z F O V
K B L P I E S Y
```

HIERBA   PIES
TAZA   CORDERO
PUERTA   PAN

Fiesta de las Primicias

La Fiesta de los Panes sin Levadura era un tiempo ocupado en Jerusalén. Miles de personas acudían a la ciudad para celebrar la fiesta durante siete días. Algunos dormían en Jerusalén, mientras que otros se quedaban en pueblos cercanos o en tiendas de campaña alrededor de la ciudad.

Durante esta fiesta, hay un Tiempo Designado llamado Primicias (Yom HaBikkurim). Este día cae en el día después del Sabbat durante la Fiesta de los Panes sin Levadura. En el antiguo Israel, el Sumo Sacerdote mecía la primera gavilla de cebada ante Yah en el templo en este día.

¿Sabías que Yeshua resucitó de la tumba en la Fiesta de las Primicias? Es por eso que el apóstol Pablo escribió que Él era las "primicias de los que durmieron".

¡Colorea la cebada!

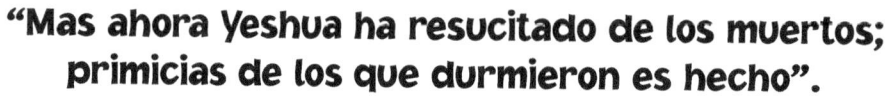

"Mas ahora Yeshua ha resucitado de los muertos;
primicias de los que durmieron es hecho".
(1 Corintios 15:20)

Un soldado romano

Después de que Yeshua fuera puesto dentro de una tumba, varios soldados romanos se pararon afuera para asegurarse de que nadie entrara o saliera. Colorea la imagen.

Ángel de Dios

Un ángel bajó del cielo y abrió la tumba.
Conecta los puntos para mostrar la imagen.

¡Ha resucitado!

Yeshua resucitó de entre los muertos en la Fiesta de las Primicias. Traza los circulos. Colorea la tumba.

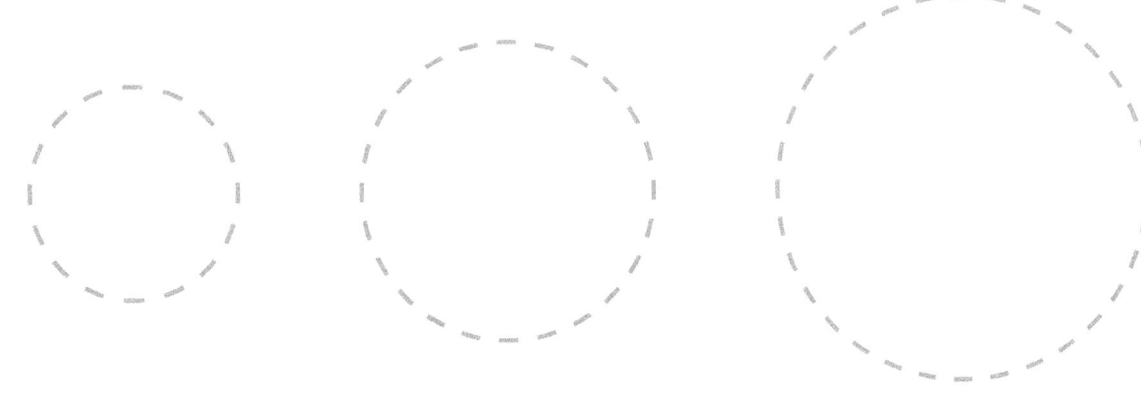

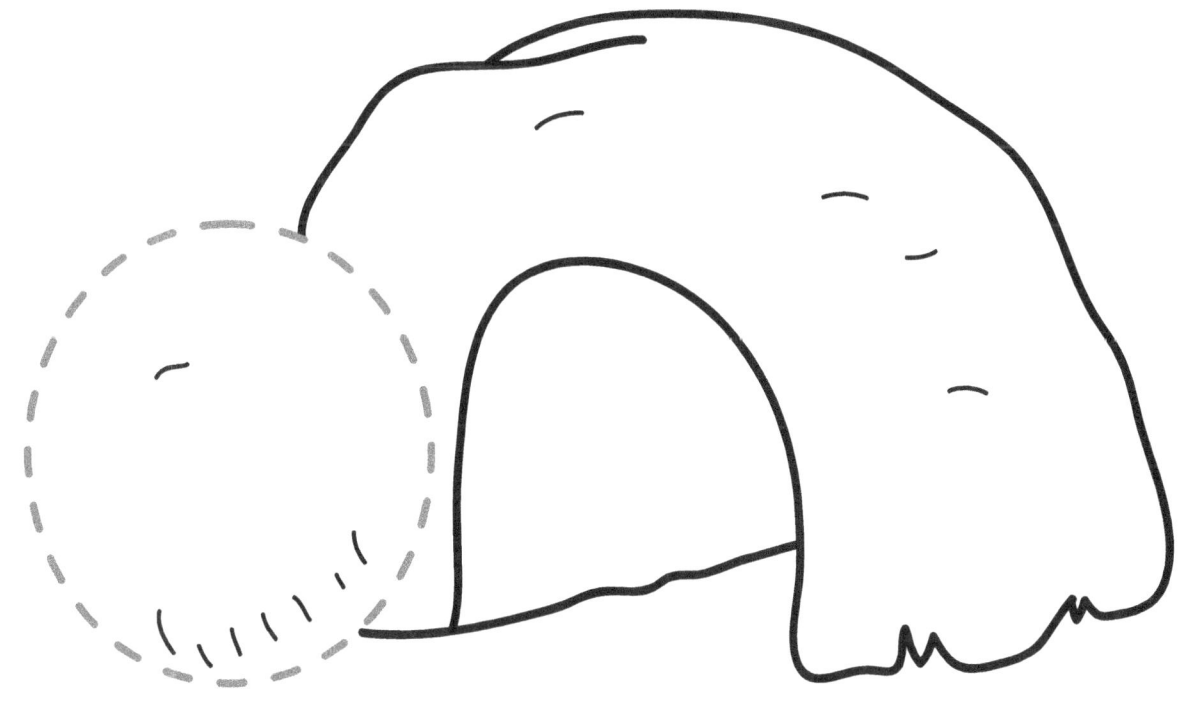

¡Yeshua ha resucitado!

Dibuja a María en la tumba de Yeshua para completar la imagen.

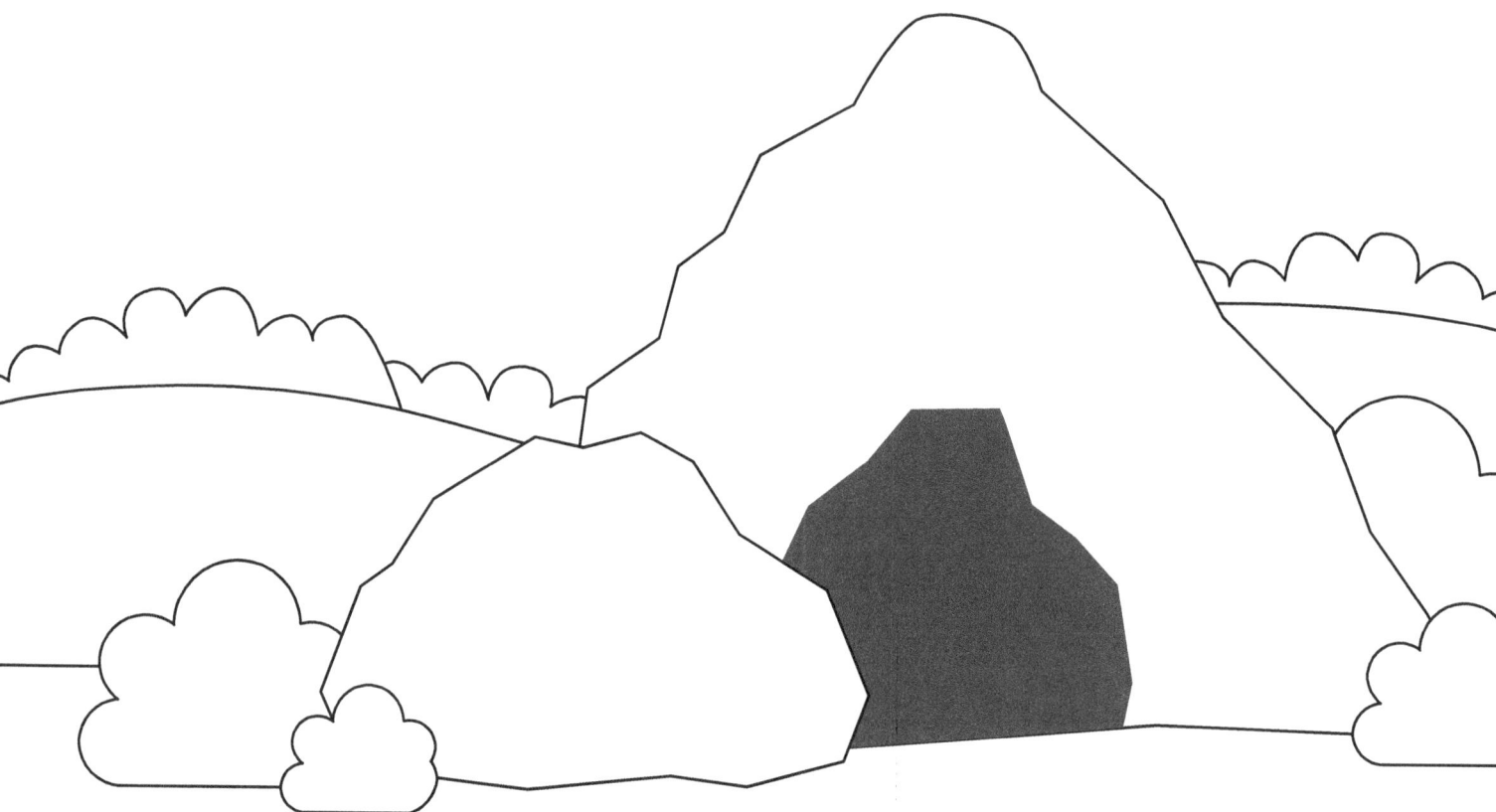

El número dos

Dos mujeres vieron a Yeshua fuera la tumba.
Eran María Magdalena y María, madre de Santiago.
Escribe el número 2. Colorea las imágenes.

🌿 El Sumo Sacerdote 🌿

Colorea el sombrero de blanco. Colorea la túnica de azul.

🌿 ¡Ha resucitado! 🌿

Encuentra y encierra en un circulo las
palabras de la siguiente lista.

```
S A N T O L C V
Z C Y U H V O T
V S C M T Q R H
P F U B L Q D H
C F U A L X E Y
C U I D A D R A
K C B J O K O H
V M A R Í A Z Z
```

CUIDAD   SANTO
YAH   CORDERO
TUMBA   MARÍA

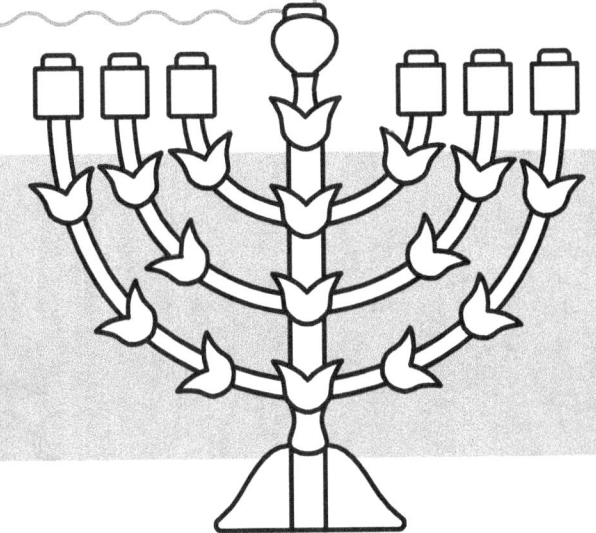

Días de la semana

Yeshua resucitó de la tumba en algún momento después de la puesta del sol del sábado y antes del amanecer del domingo. Completa las letras para escribir los días de la semana.

LUN E S

VIER ___ ___ ___

MAR ___ ___ ___

SÁB ___ ___ ___

MIÉR ___ ___ ___ ___ ___

DOM ___ ___ ___

JUEV ___ ___

 tres

Yeshua estuvo en la tumba por tres días y tres noches.

Escribe el número tres en los recuadros de abajo.

¿Cuántos dedos hay aquí?

¿Quién fue a la tumba a visitar a Yeshua?

✹ Bikkurim ✹

La palabra hebrea para Fiesta de las Primicias es
Yom HaBikkurim. Yeshua resucitó de la tumba en este día.
¡Nuestro rey está vivo!

Bikkurim

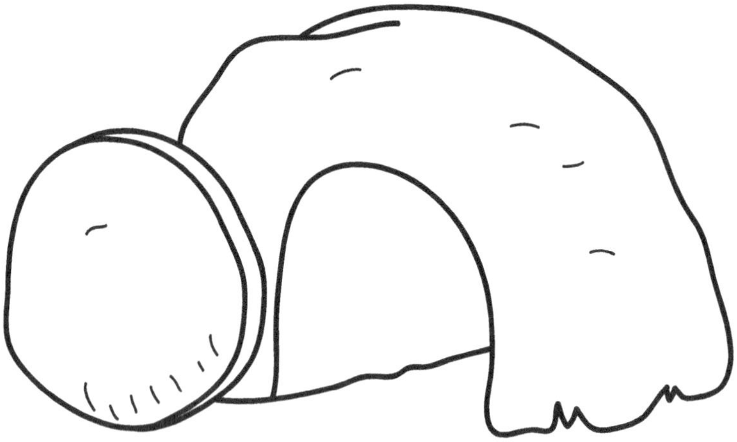

בְּכּוּרִים

Primicias

¡Vamos a escribir!

Practica a escribir esta palabra
hebrea en las líneas de abajo.

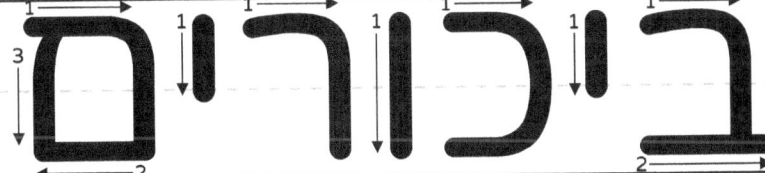

Inténtalo por tu cuenta.
Recuerda que el hebreo se lee de DERECHA a IZQUIERDA.

"…ha resucitado, como dijo."

(Mateo 28:6)

🌿 ¿Cuál es mi sonido? 🌿

La palabra "discipulo" comienza con la letra D. Encierra en un círculo y colorea las imágenes que tienen el mismo sonido al principio que discipulo.

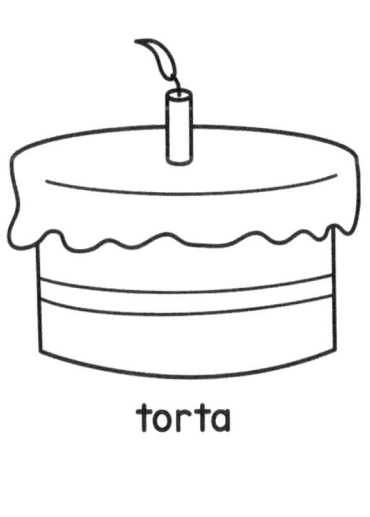

torta

durazno

gorro

ducha

burro

¡Ve a Galilea!

Yeshua les dijo a Sus discípulos que fueran a Galilea.
Conecta los puntos para ayudar a los discípulos
a llegar al mar de Galilea.

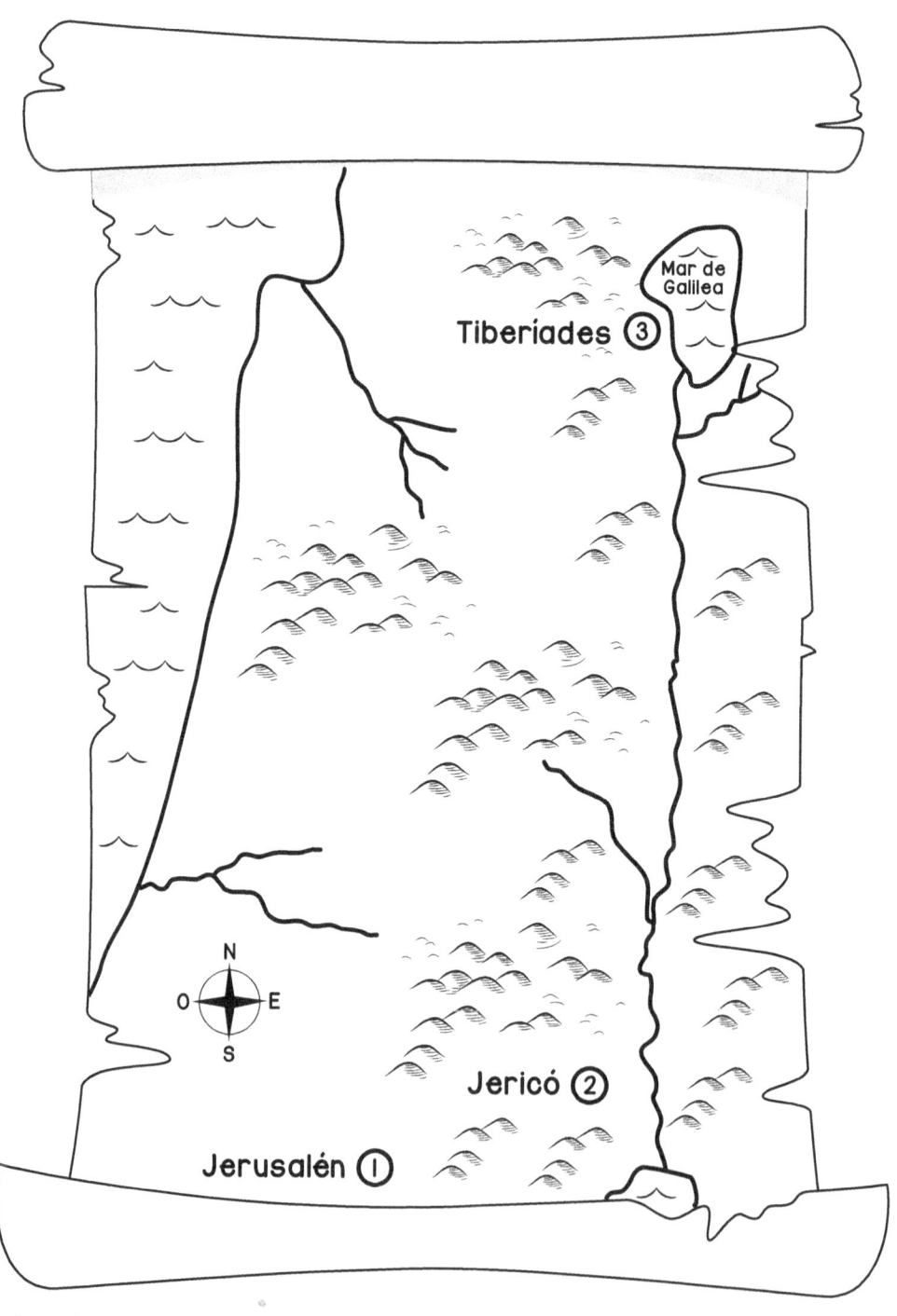

Shavu'ot – Día de Pentecostés

Shavuot (el Día de Pentecostés) es una de las fiestas de Yah. Cuando Yeshua estaba vivo, hombres de Israel acudían a Jerusalén desde diferentes países para celebrar esta importante fiesta.

Shavuot es también el momento en que la gente recuerda cómo Yah les dio a los hijos de Israel los mandamientos (Torá) en el monte Sinaí.

Pedro y los discípulos estaban en Jerusalén para el Shavuot cuando vieron algo que parecían llamas de fuego. Ese día, muchos hombres pudieron entender lo que los discípulos decían en su propio idioma. Algunas personas piensan que estos hombres eran de las diez tribus de Israel dispersas. Al igual que los discípulos, habían venido a Jerusalén para celebrar el Shavuot.

¡Colorea los mandamientos!

Hombres de Israel

Traza a lo largo de las líneas para ayudar a los hombres de Israel a llegar a Jerusalén.

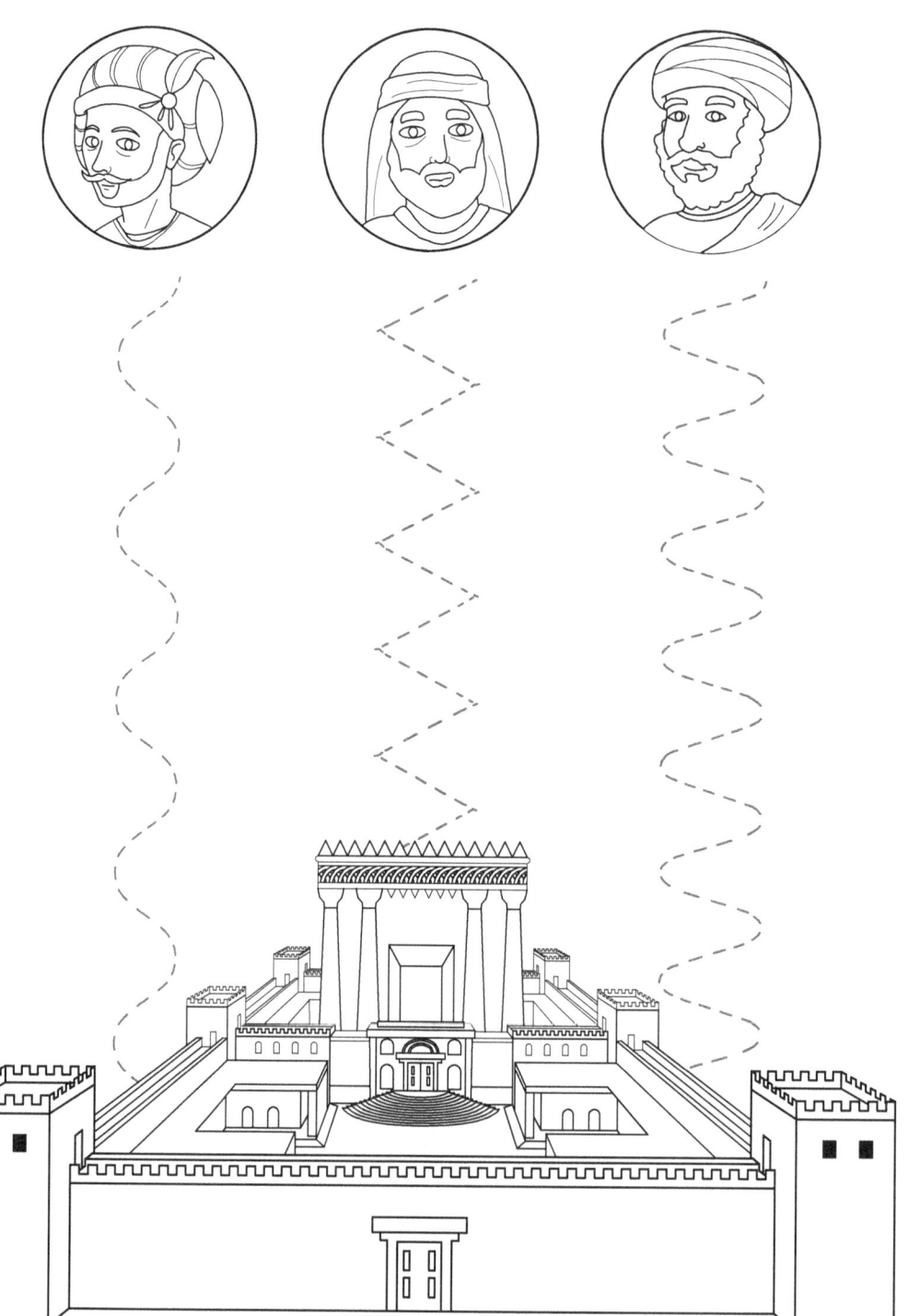

¿Cómo viajaban los israelitas?

Colorea los objetos y animales que te
llevan de un lugar a otro.

arca

burro

camello

barco

jirafa

pez

elefante

🌿 Los israelitas 🌿

Los israelitas llegaban de varios lugares para celebrar el Shavu'ot. Dibuja una flecha desde cada lugar hacia Jerusalén.

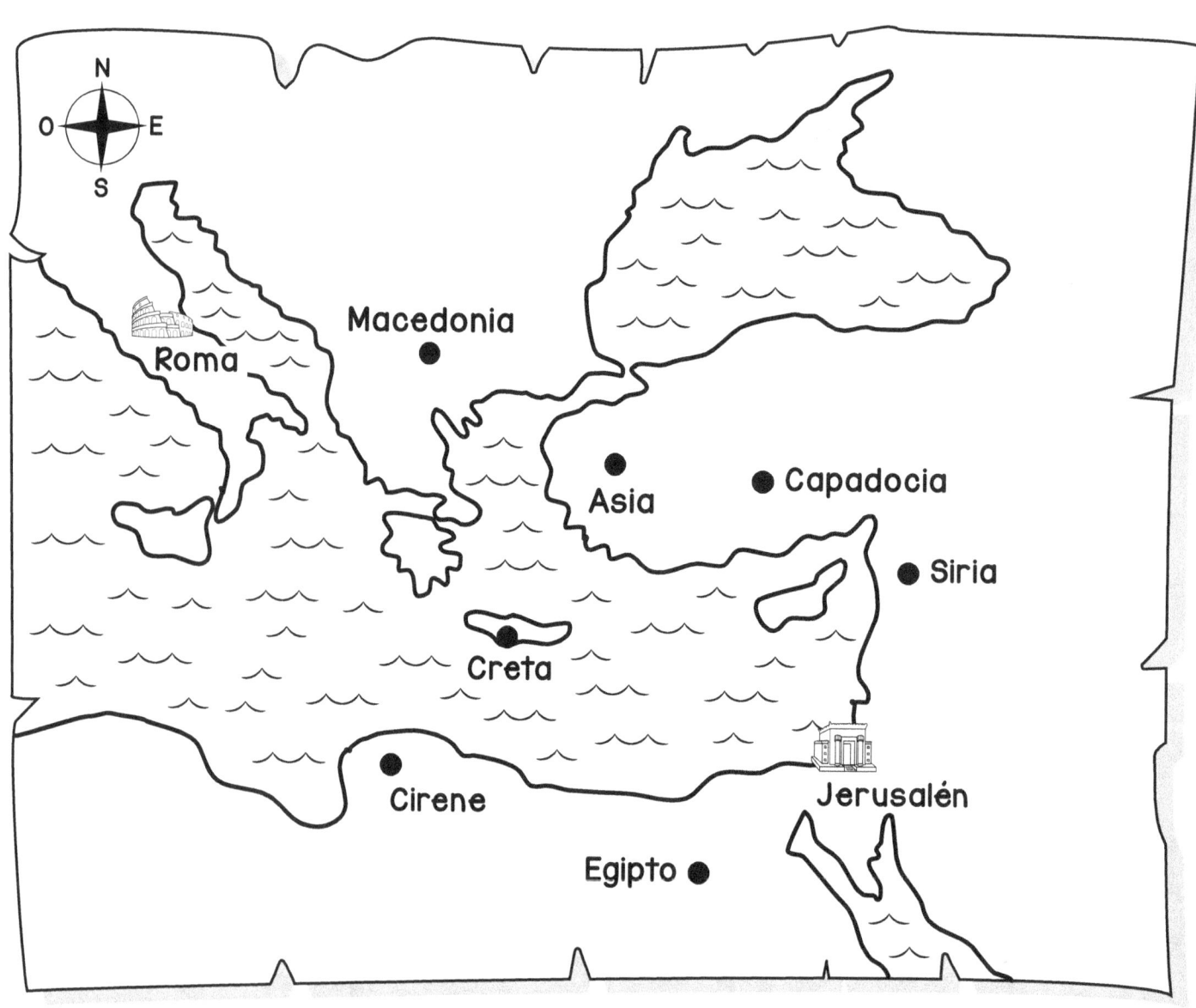

Doce tribus de Israel

En el templo, el Sumo Sacerdote usaba un pectoral
con doce gemas, una por cada tribu de Israel.
Colorea la imagen.

Traza las palabras

Colorea las imágenes.

	fuego
	viento
	Yah
	templo

Pedro, el discípulo

Pedro fue un discípulo. Les habló a los hombres del Israel durante el Shavu'ot. Conecta los puntos para ver la imagen.

V de viento

En el Shavu'ot, los discípulos escucharon un sonido como el del viento soplando. Traza las letras y palabras. Colorea la imagen.

V

viento

V es de viento

🌿 ¡Veo, veo! 🌿

Colorea los objetos iguales de un mismo color. Después cuenta cada tipo de objeto y escribe el número en la etiqueta.

Los Diez Mandamientos

❧ Shavu'ot ❧

Cada año, los israelitas celebraban el Shavu'ot.
Traza la palabra "Shavu'ot". Encierra en un círculo
y colorea las imágenes que comienzan con la letra "s".

bote

shofar

sol

árbol

Bible Pathway Adventures

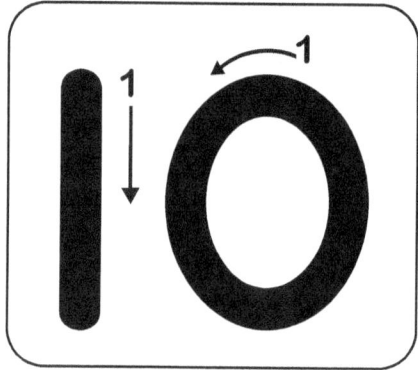

Yah les dio los Diez Mandamientos
a los israelitas.

10 10 10 10 10

Escribe el número diez en los recuadros de abajo.

¿Cuántos dedos hay aquí?

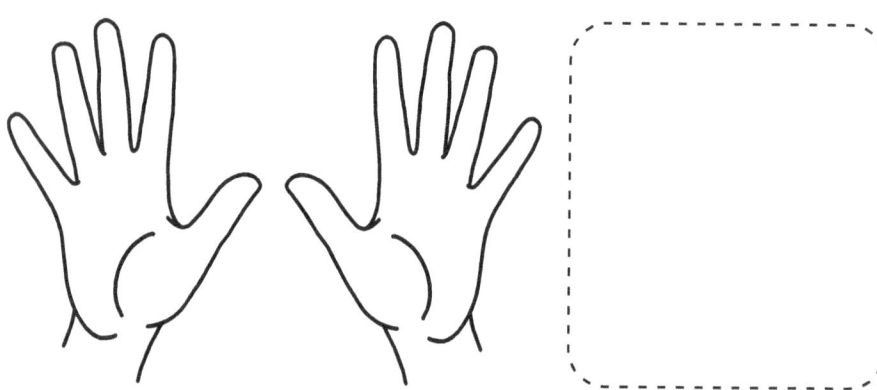

¿Obedeces los Diez Mandamientos?

Vístete como un israelita

Los antiguos israelitas usaban ropa como túnicas y batas. ¡Hagamos una túnica! Pídeles a tus padres que te ayuden a hacer esto.

Instrucciones:

1. Padres: mida el cuerpo de su niño de codo a codo y de rodilla a hombro.
2. Encuentre una sábana o cobija vieja tan grande como su niño y dóblela por la mitad.
3. Corte un agujero en el medio del pliegue lo suficientemente ancho para que quepa su cabeza.
4. Póngale la "túnica" por sobre su cabeza. Amarre un cinturón hecho con cuerda, cinta, cuero o tela alrededor de su cintura.

1.

2.
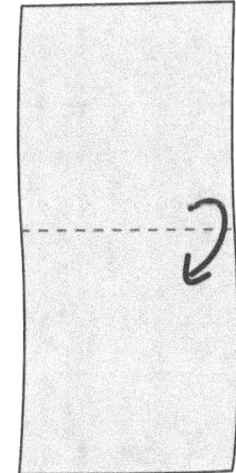

3.
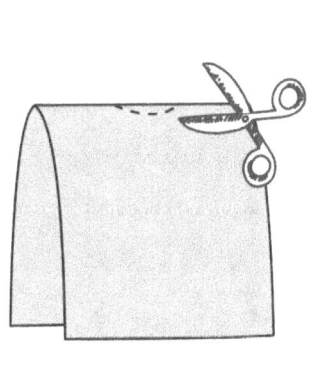

4.

¡Ta-da!

✹ Shavu'ot ✹

La palabra hebrea para el Día de Pentecostés es Shavu'ot.
En el antiguo Israel, hombres de todas partes
iban a Jerusalén a honrar esta fiesta.

Shavu'ot

שָׁבֻעוֹת

Día de Pentecostés

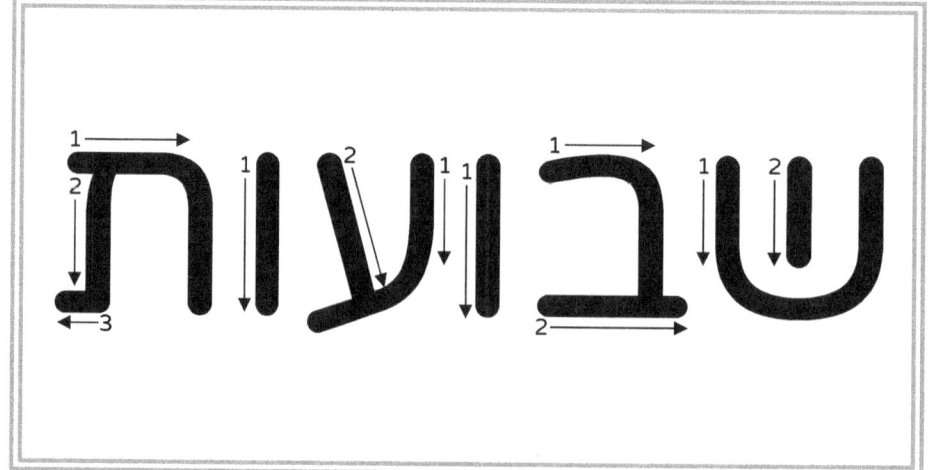

 # ¡Vamos a escribir!

Practica a escribir esta palabra
hebrea en las líneas de abajo.

שבועות

שבועות

Inténtalo por tu cuenta.
Recuerda que el hebreo se lee de DERECHA a IZQUIERDA.

"...y recibiréis el don del Espíritu Santo."

(Hechos 2:38)

MANUALIDADES Y PROYECTOS

Haz un collar de las diez plagas

Se necesitará:

1. Imágenes de las diez plagas (ver páginas siguientes)
2. Pintura, rotuladores o creyones.
3. Tijeras o perforadora
4. Hilo o cordel

Instrucciones:

1. Pídales a sus niños que coloreen las imágenes de las diez plagas.
2. Recorten las imágenes (puede que los niños necesiten ayuda con este paso).
3. Use la perforadora o las tijeras para crear un agujero en cada uno de los círculos.
4. Pase el hilo o cordel por los agujeros para crear un collar de las diez plagas.

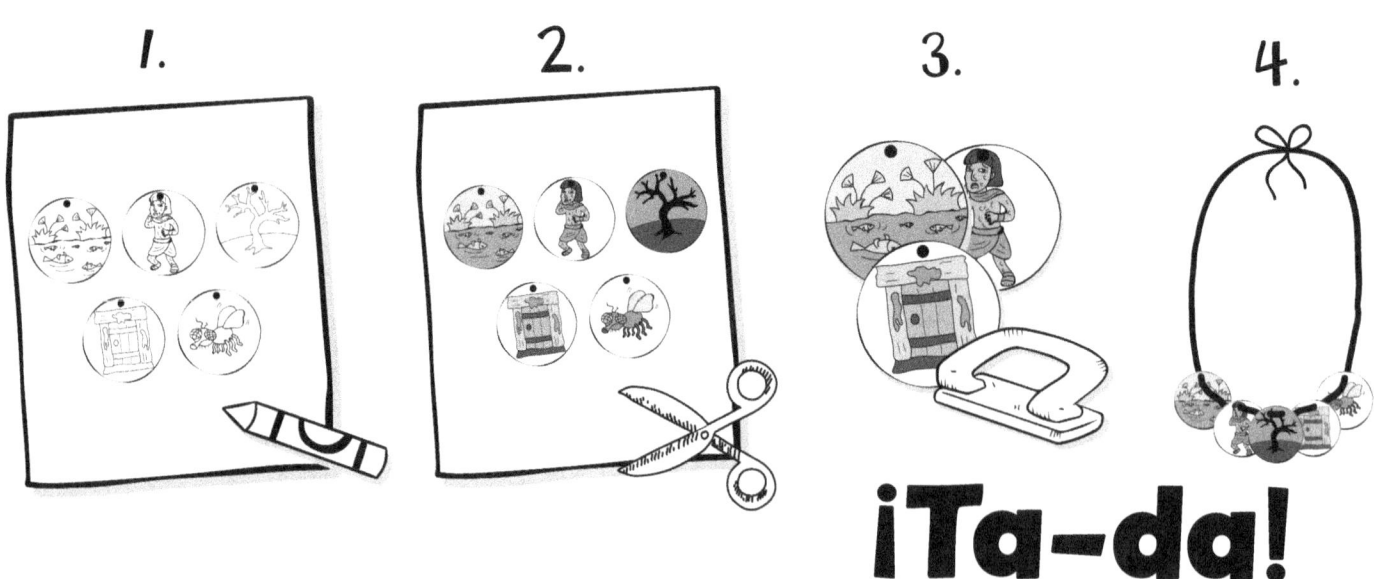

1.   2.   3.   4.

¡Ta-da!

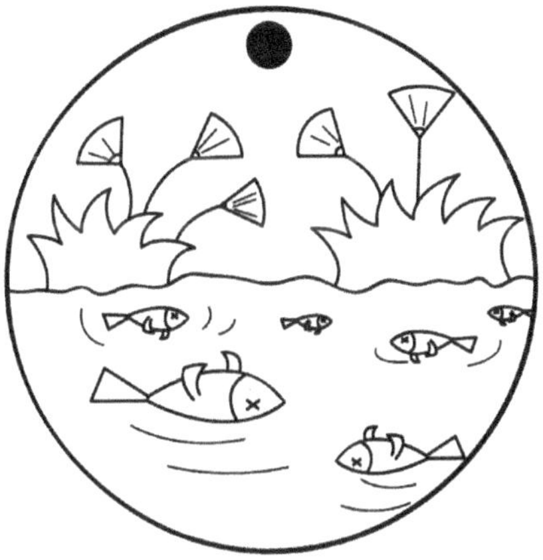

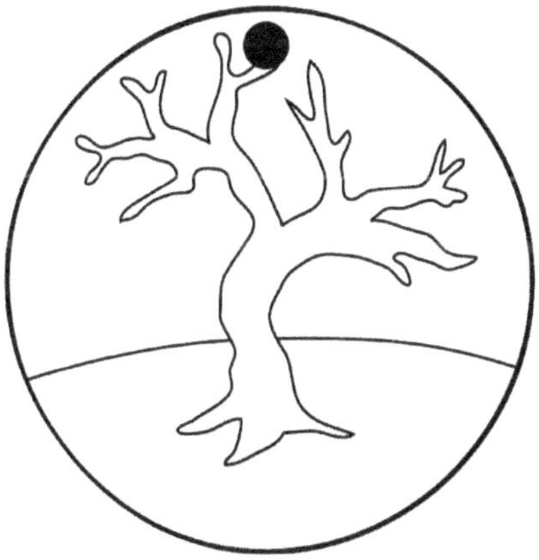

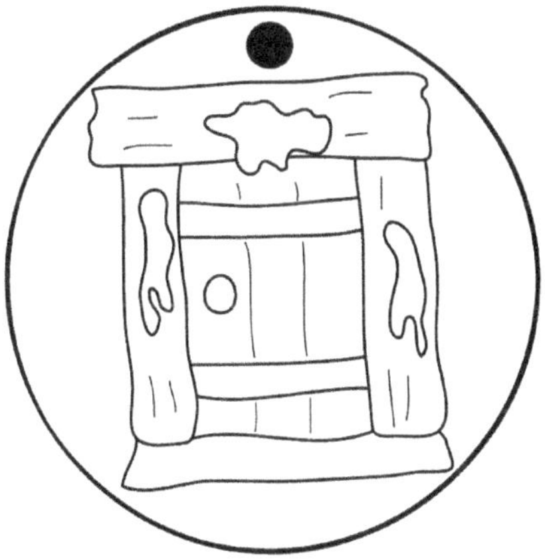

Tarjetas didácticas de la Pascua

¡Recorta las tarjetas didácticas y pégalas
en tu casa o salón de clases!

Egipto

5

Yeshua

6

Sangre

7

Matzah

8

Jardín de Getsemaní

Antes de morir, Yeshua pasó tiempo en el jardín.
El jardín tenía muchos árboles de olivo.
Colorea el árbol. Recorta y pega en una cartulina.

La Pascua

Padres: discutan con sus niños cómo se relaciona cada imagen con la Pascua. Recorten la palabra en la parte de abajo de la página. Colóquenla al lado de la imagen correcta.

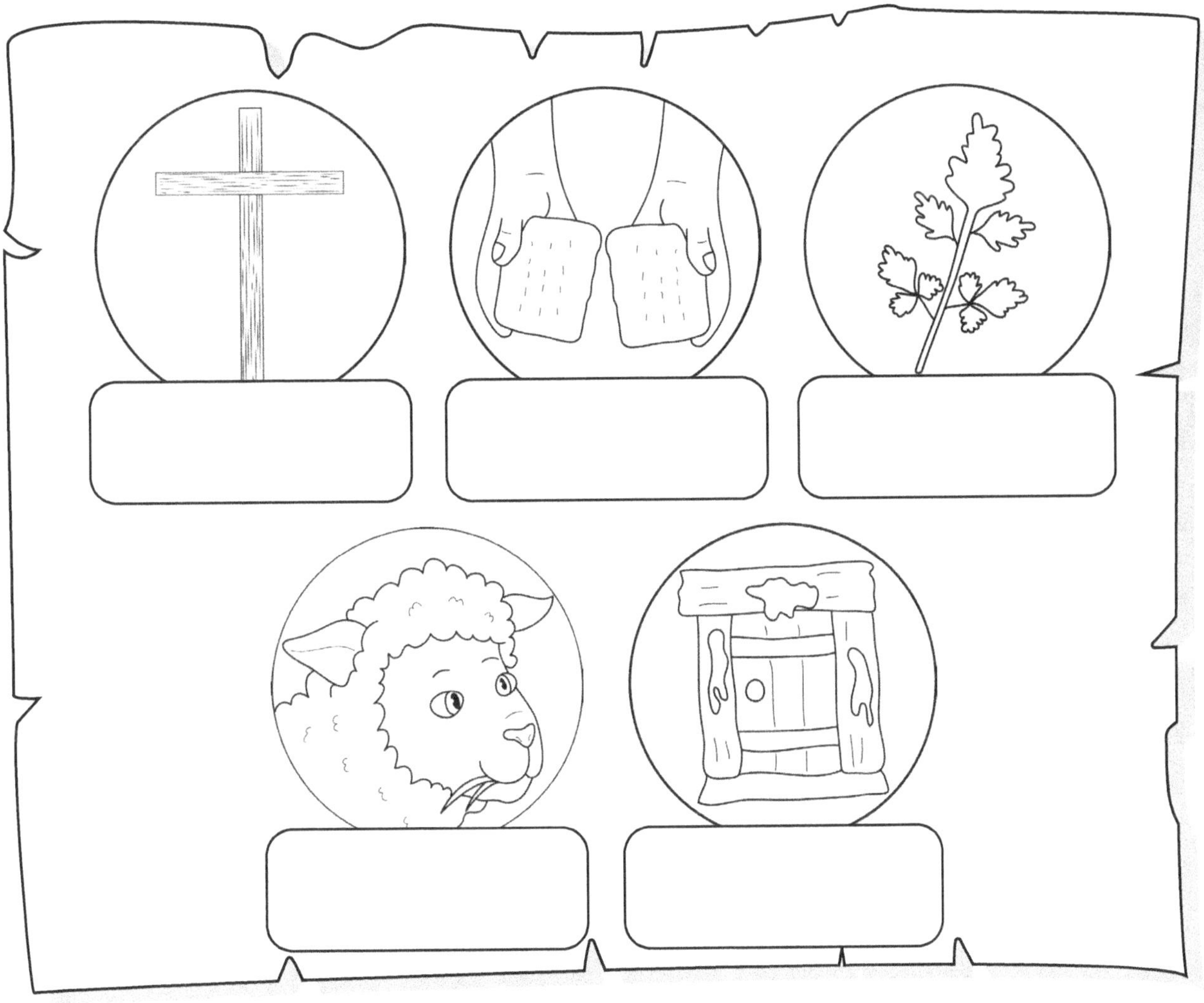

cordero | hierba | matzah

sangre | cruz

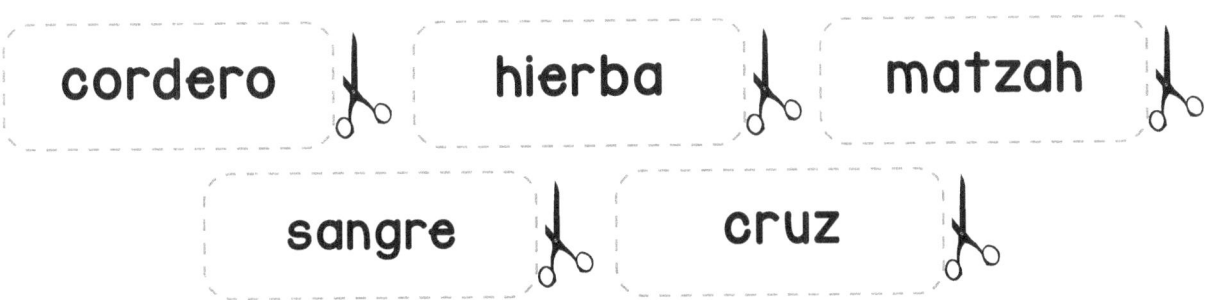

🌿 El templo 🌿

En la Fiesta de las Primicias, el Sumo Sacerdote mecía una gavilla de cebada en el templo. Colorea y recorta las personas y objetos. Ponlos en el templo

Sumo Sacerdote

Menorá

Cebada

Manualidad de la resurrección en un plato de papel

Necesitarás:

1. Dos platos de cartón o de espuma de poliestireno gruesos
2. Cartulina gruesa
3. Pintura o crayones color gris
4. Personajes de Yeshua y el ángel
5. Tijeras (solo adultos)
6. Pega en barra o pega escolar

Instrucciones:

1. Recorta las plantillas de Yeshua y el ángel. Haz copias en cartulina gruesa.
2. Recorta la parte inferior de ambos platos para que puedan pararse. Pinta o colorea de gris los platos. ¡Recuerda colorear por ambas caras!
3. Mientras los platos se secan, colorea a Yeshua y el ángel.
4. Recorta una puerta en uno de los platos de papel. Junta y pega los dos platos para formar una tumba. Pega a Yeshua y el ángel en la tumba.

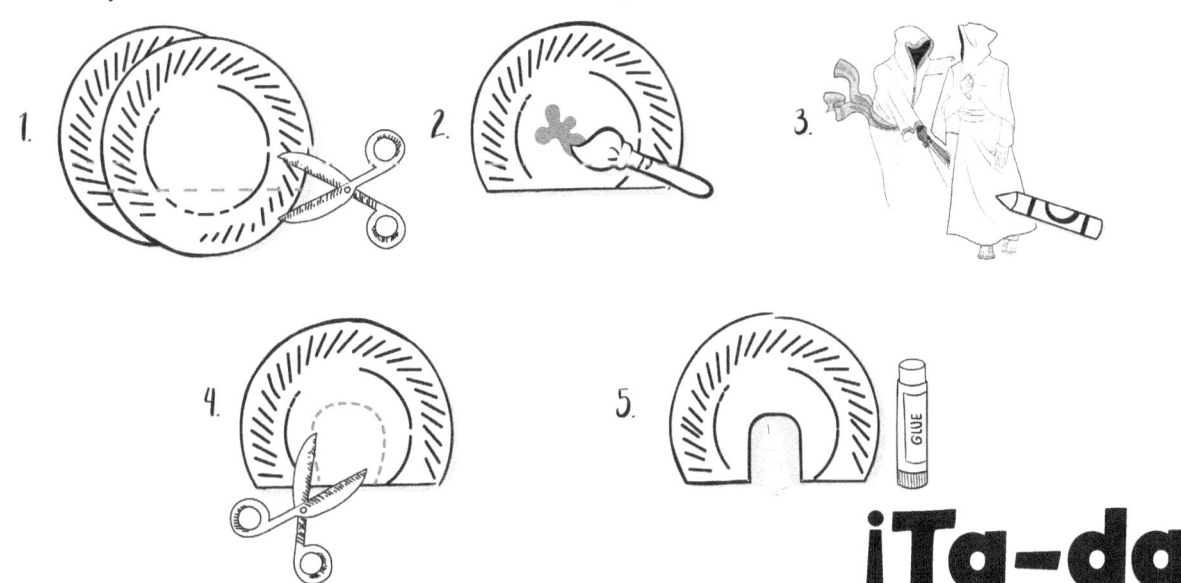

¡Ta-da!

Personajes de la Biblia: Yeshua y el ángel.

Haz un móvil de los Tiempos Designados

Necesitarás:

1. Cartulina gruesa
2. Pintura, rotuladores o creyones
3. Cuerda
4. Tijeras (solo adultos)
5. Pega en barra o cinta adhesiva
6. Palitos de madera

Instrucciones:

1. Pidales a los niños que coloreen las imágenes dentro de cada círculo.
2. Cuando los niños hayan terminado de colorear, recorten las piezas del móvil y péguenlas en cartulina gruesa.
3. Hagan un agujero en la parte superior de cada pieza del móvil, pasen una cuerda por cada una de las piezas y péguenlas a un palito de madera.

1.

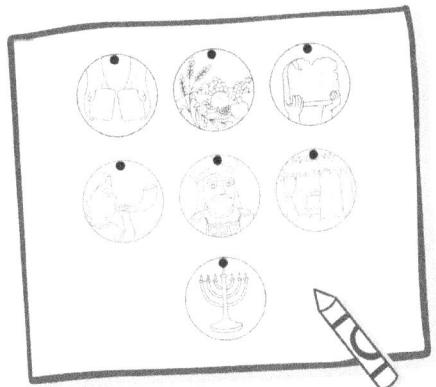

2.

3.

¡Ta-da!

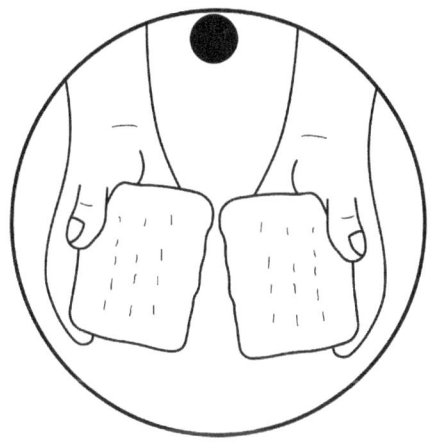

www.biblepathwayadventures.com
Las Fiestas de la Primavera (Principiantes)
101

❧ Los discípulos ❧

María fue a la ciudad a decirles a los discípulos que Yeshua estaba vivo. Colorea y recorta a María y a los discípulos. Colócalos en la casa.

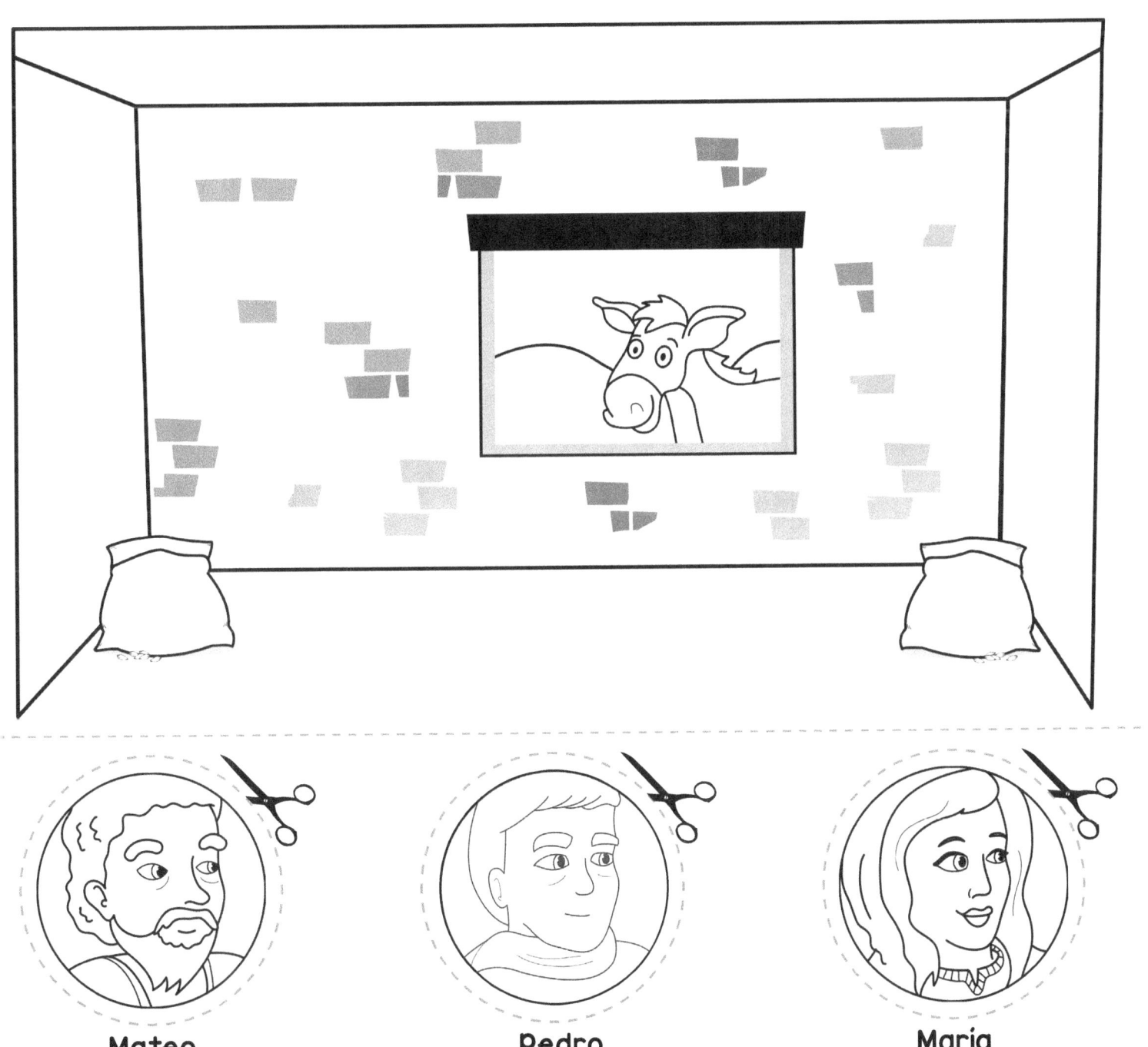

Mateo   Pedro   María

www.biblepathwayadventures.com
Las Fiestas de la Primavera (Principiantes)
103

Rueda de datos de Pentecostés

Recorte las plantillas. Inserte un sujetador de papel a través del medio de ambas plantillas y asegúrelas. Haga girar la rueda con sus niños y respondan las preguntas.

Día de Pentecostés

" y fueron todos llenos del Espíritu Santo, y comenzaron a hablar en otras lenguas. "

(Hechos 2:4)

www.biblepathwayadventures.com
Las Fiestas de la Primavera (Principiantes)
105

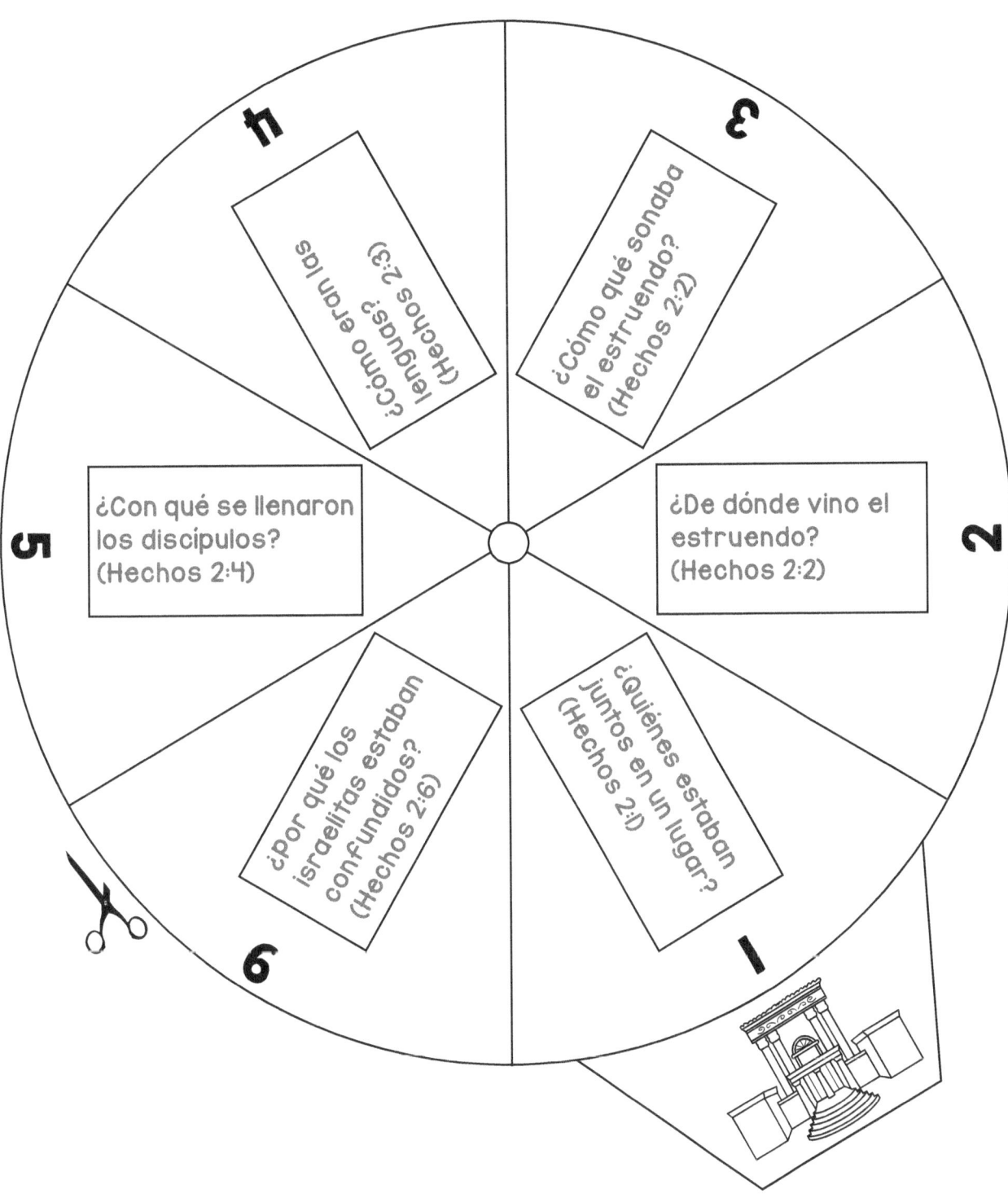

4 — (Hechos 2:3) ¿cómo eran las lenguas?

3 — ¿Cómo qué sonaba el estruendo? (Hechos 2:2)

5 — ¿Con qué se llenaron los discípulos? (Hechos 2:4)

2 — ¿De dónde vino el estruendo? (Hechos 2:2)

6 — ¿por qué los israelitas estaban confundidos? (Hechos 2:6)

1 — ¿Quiénes estaban juntos en un lugar? (Hechos 2:1)

www.biblepathwayadventures.com
Las Fiestas de la Primavera (Principiantes)
107

Tarjetas didácticas del Shavu'ot

Colorea las tarjetas didácticas. Recorta cada tarjeta y pégala en un palito de madera. ¿Puedes volver a contar la historia del Shavu'ot (Pentecostés) de Hechos 1-2?

PEDRO

ESPÍRITU SANTO

YESHUA
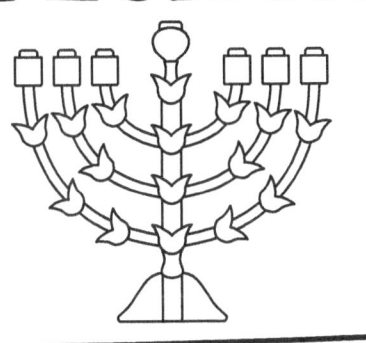

OÍR
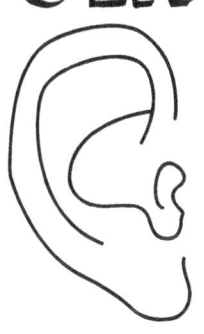

12 TRIBUS

JERUSALÉN

Ayuda a Moisés a subir al monte Sinaí

Necesitarás:

1. Plato de papel (uno por cada niño)
2. Encuadernador (uno por cada plato)
3. Pintura, marcadores o creyones
4. Cartulina gruesa
5. Tijeras (solo adultos)

Instrucciones:

1. Corta el plato por la mitad.
2. Colorea tu montaña de gris usando pintura, marcadores o creyones. Dibuja árboles verdes u hojas en la parte inferior del plato.
3. Recorta la plantilla de Moisés. Pégalo en cartulina gruesa.
4. Inserta el encuadernador en el centro inferior del plato de papel. Empuja el encuadernador en el extremo largo de la plantilla de Moisés y asegura. ¡Ahora Moisés puede subir y bajar el monte Sinaí!

1.   **2.**   **3.**

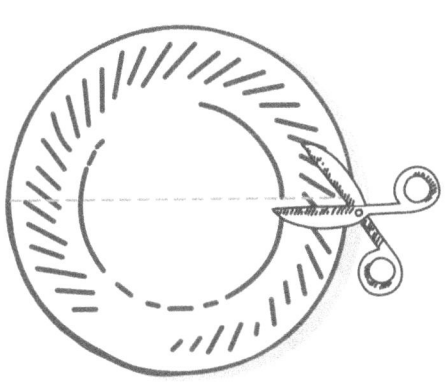
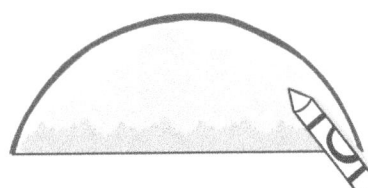

¡Ta-da!

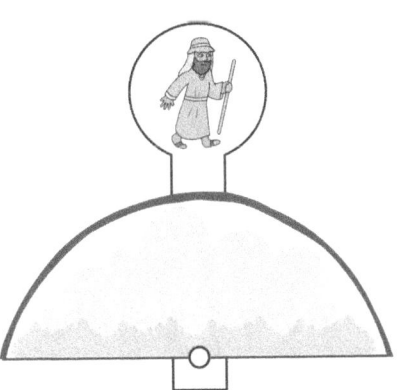

www.biblepathwayadventures.com
Las Fiestas de la Primavera (Principiantes)
113

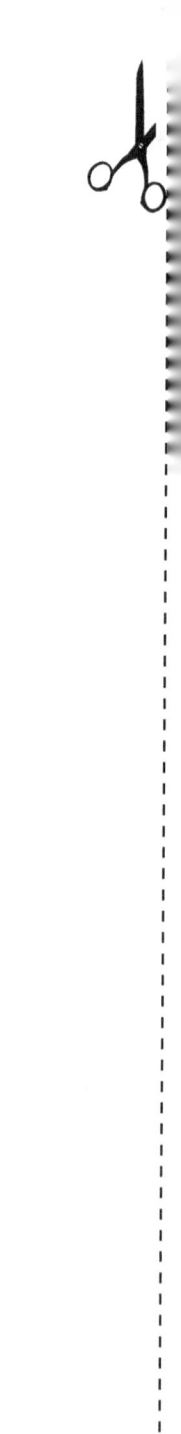

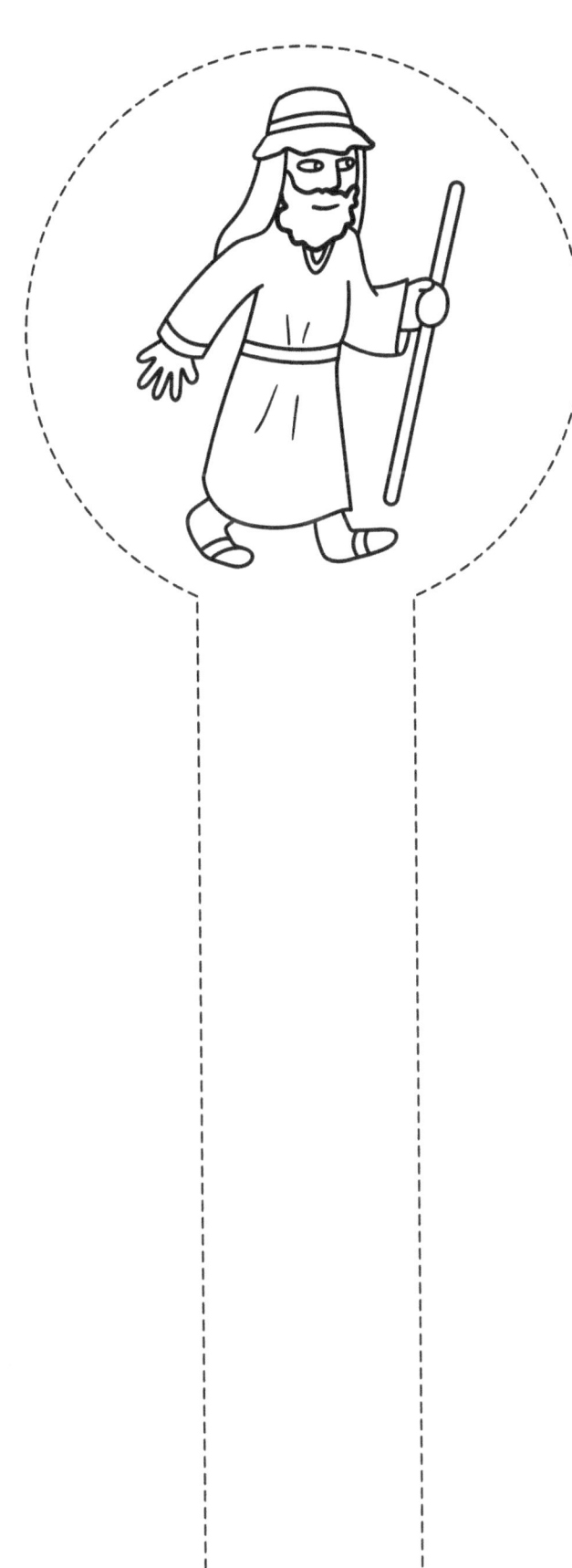

www.biblepathwayadventures.com
Las Fiestas de la Primavera (Principiantes)
115

Descubre más Libros de Actividades

Disponibles para comprar en www.biblepathwayadventures.com

¡DESCARGA INSTANTÁNEA!

Libro de actividades de las 12 tribus de Israel para principiantes
Libro de actividades de las 12 tribus de Israel
Las Fiestas de Otoño para Principiantes
Libro de Actividades de las Fiestas de Otoño
Aprendiendo Hebreo: El Alfabeto Libro de Actividades
Libro de Actividades Limpios e Inmundos
Libro de actividades: Sopas de letras de la Biblia
El nacimiento del Rey: Libro de actividades

www.ingramcontent.com/pod-product-compliance
Lightning Source LLC
Chambersburg PA
CBHW081336120626
46546CB00011B/3375

*9 7 8 1 9 8 9 9 9 6 1 9 3 3 *